学生身边事与法

苗润华 / 编著

人民日报出版社

前 言

时代呼唤法治精神，国家需要法治意识，法治国家是现代文明的重要体现，而法治国家的建成，必须建立在公民法律意识养成的基础上。公民法律意识的养成，需要从娃娃抓起，从学生时期培育，从认识自己的权利义务入手。

客观地讲，当前学校法治教育存在着种种误区，导致效果不明显，乃至流于形式。最大的误区莫过于重义务轻权利。法治教育课上，宣讲者们总是以守法作为核心，重点是说教，忽视了告诉孩子们拥有的权利是什么，权利受到侵害时，如何去维护。更新法治教育与传播理念，就要从激发未成年人的内心需求着手，从掌握保护自身权利的法律知识入手，让权利意识、法治意识渗透到孩子们的思维里。

笔者作为扎根县域治理前沿的一名法制实务工作者，倾力校园法治文明的传播，从大处着眼，从小处入手，探索出了一条校园法治文明建设的路径。即将出版的《学生身边事与法》作为研究成果的结晶，为教师、家长、学生提供了培养法律意识、了解公民权利与义务、维护合法权益的浅显易懂的法律知识读本。

本书由近及远，由浅入深，由小及大，从法眼识自己、法眼识家庭、法眼识学校、法眼识社会、法眼识犯罪五个层面，全面介绍了学生自身及家庭、社会的法律知识及理念。

通过阅读本书，读者们可以形成这样一些理念，并有以下收获：一是法律并不玄妙,而是基于常识,好理解,不难学;二是形成看问题的法律眼光,掌握维权的途径和方式;三是养成权利意识,引起学法懂法的兴趣。

首先,法律并不玄妙,乃是基于常识。《说文》这样解释,灋,刑也。平之如水。所谓法,就是公平。比如,平常流行、大众认可的一些理念:杀人偿命、欠债还钱,都是法律理念的体现,也是立法的基础。当然,具体到立法技术及执法上,不会这么简单。以杀人偿命来说,这是一般情况,是基本理念。具体说来,会有故意杀人、过失杀人、防卫过当等诸多情况,定罪量刑是不同的。再比如,打人、骗人、骂人是不对的,这都属于常识,众所周知,举世公认。这些行为,在法律上的体现,就是故意伤害、诈骗、敲诈勒索、侮辱等违法犯罪。因此,法律是来源于生活,来源于常识的。区别在于,这些常识往往是模糊的、粗略的,而法律条文则是明晰的、严谨的。再比如,父母生了孩子,抚养孩子,是天经地义;父母老了,需要孩子的赡养,也是人所共知。这些都是常识,不过是在法律上规定得更为详细、具体,且具有了强制执行力而已。所以,破除法律的玄妙感,还原其本来面目,有助于我们去认识法律,学习法律,运用法律。

其次,如何才能具有看问题的法律眼光,掌握维权的途径和方式呢?这是本书所要告诉您的。先从我们自身说起,我们每个人在法律上有个共同的身份,那就是公民。与日常我们所说的"人民"是完全不同的两个概念。何谓公民呢?按照国家的根本大法《宪法》的规定:"凡具有中华人民共和国国籍的人都是中华人民共和国公民。"而根据我国《国籍法》"父母双方或一方为中国公民,本人出生在中国,具有中国国籍"的规定,很容易界定自己的公民身份。那么,既然是公民,公民享有哪些基本权利和自由呢?我国《宪法》同样有明确的规定,生命权、人身自由权、人身保护权、受教育权、隐私权、名誉权、荣誉权、肖像权、劳动权等等,都是公民与生俱来的权利。我们每个人都知道,不得杀人,这是平常的角度和眼光。而法律眼光则是,每个人享有生命权。我们也知道,不得殴打、谩骂他人,此亦日常眼光。而法律眼光则是,公民享有人身保护权、名誉权。同时,不但知道拥有这些权利,还要知道这些权利被侵害时,可以怎么去寻求法律保护和救助。这也是法律眼光。以本书中"中学生自购手机家长有权退货"这个案例来讲，如果仅以家长不知道不认可孩子的购买行为这个角度，这就是日常思维和眼光。而法律眼光，则是从权利能力和行为能力上判断。区分这两个能力，以此判断孩子是否具备相应的民事行为能力，以此确定购买行为是否有效，从而寻求法律保护。再举个例子，关于隐私权问题。几乎所有孩子都不希望家长看自己的信件和日记，但许多家长往往从关心孩子成长的角度，很想了解孩子的任何事情。于是，公然或偷偷拆看孩子信件或读取孩子日记，就成了他们掌握孩子行踪或测度孩子内心的途径。可是，从法律眼光看，作为家长，应该知道孩子是公民，拥有隐私权，不得肆意侵犯。想了解孩子的情况，那就多关注，多和孩子交心，而不是以违法的行为伤害孩子的心灵。作为孩子，从法律眼光看，要知道自己是公民，拥有法律所规定的隐私权，父母或老师都不得侵犯，从而和家长与老师"据法力争"。

三是养成权利意识，引起学法懂法的兴趣。当前中国学校法治教育最大的误区是忽视权利意识培养，专重守法意识塑造。这种法治教育模式所具有的说教性、被动性，很难为学生所接受，其效果也非常有限。而权利意识的养成，是从引导学生认识自身具有的权利和自由开始，让学生知晓和掌握维护自己合法权益的途径和方式。同时，对别人的权利和自由具有相应的尊重，了解侵犯别人权利和自由应该承担的法律责任和后果。人的认知，对自己切身有利的事情，往往更容易感兴趣和接受。人人维护自己的权利，则人人不侵犯他人的权利和自由。即使出现一些问题，寻求法律解决，而非蛮干，以免造成新的侵害。只有孩子们从小养成权利意识，引起学法懂法的兴趣，才能形成公民意识，建设公民社会。而公民社会的建成，则可为法治国家的建成奠定最坚实的基础。

最后，笔者编著并出版此书，还有一个构想，就是形成与读者们的互动，以促进校园法治文明的传播。笔者在近年来的校园法治研究和传播中，搭建了"校园法治网"平台，组织了法律宣传及实务运作团队。读者诸君在阅读本书遇到一些困惑或新问题时，可以通过网站、微信公众号与笔者取得联系，加强沟通和交流。

目 录

第一编 法眼识自己

1. 认识"自然人""公民"和"人民":我是谁 ················002
2. 认识"权利能力"和"行为能力":中学生自购手机家长有权退货 ················006
3. 认识生命权:少女晚回家被责骂跳楼坠亡 ················012
4. 认识人身自由权:同学丢钱老师岂能让学生互相搜身 ················016
5. 认识受保护权:爸爸不在场我可以说不 ················020
6. 认识受教育权:宪法权利需要司法保障 ················024
7. 认识隐私权:我也有自己的"秘密" ················028
8. 认识名誉权:我的"名声"很重要 ················032
9. 认识荣誉权:我的荣誉不得非法剥夺 ················036
10. 认识肖像权:我反对肖像被商业化 ················040
11. 认识财产所有权:我的压岁钱谁做主 ················044
12. 认识智力成果权:小小的我一样可以做出大成果 ················048

第二编 法眼识家庭

13. 认识结婚:他们为什么是爸爸妈妈 ················054
14. 认识离婚:父母离异我的权益谁保护 ················058

15. 认识抚养：未婚同居又分手，孩子谁来抚养 …………………………… 063

16. 认识收养：他们是命运之神指派来的爸爸妈妈 ……………………… 068

17. 认识监护：被爱也是我的权利 …………………………………………… 072

18. 认识继承：对未成年人继承权有哪些特别保护 ……………………… 077

19. 认识义务教育：我要维护学习的权利 ………………………………… 082

20. 认识家庭暴力：我不是"出气筒" ……………………………………… 086

21. 认识处分权：损害未成年人利益的和解协议不予确认 ……………… 090

22. 认识遗弃：将患病孙子遗弃致死，爷爷被判遗弃罪 ………………… 094

23. 认识赡养：当你老了，谁有责任照顾你 ……………………………… 098

第三编　法眼识学校

24. 认识学校：我的学校我的班 …………………………………………… 104

25. 认识教师：教书育人方为本 …………………………………………… 110

26. 认识校规：你遇到过这些奇葩校规吗 ………………………………… 115

27. 认识开除：如何面对受教育权被剥夺 ………………………………… 119

28. 认识体罚：一场关于"体罚"再认识的争论 ………………………… 124

29. 认识课间伤害事故：同学之间发生伤害谁来赔 ……………………… 128

30. 认识体育课伤害事故：意外事故怎样适用"公平责任"……………………133

31. 认识实验课伤害事故：实验课学生烧伤谁来承担责任……………………140

32. 认识校外实践活动：组织校外活动发生事故的责任……………………144

33. 认识学校设施侵权：教育教学设施不安全致害学生……………………148

34. 认识校园暴力：事件主角为何多是"女汉子"……………………152

35. 认识学生权利保护：老师发现虐童行为管不管……………………157

第四编　法眼识社会

36. 认识民事行为效力：小卖部存钱赊账是否有效……………………164

37. 认识合同：学生擅自购买电脑家长能否毁约……………………169

38. 认识网购：电商"特价"不实可退一赔三……………………174

39. 认识民间借贷：女大学生用"裸照"做抵押物贷款……………………180

40. 认识家教：家教服务起纠纷，教育机构违约退费……………………185

41. 认识校外实习：大四学生实习受伤，工伤认定被驳回……………………190

42. 认识童工：虚报年龄招童工，违法辞退受处罚……………………196

43. 认识安全保障义务：男孩未购票进公园溺亡谁承担责任……………………201

44. 认识交通事故：中学生骑摩托车遭遇连环车祸……………………207

45. 认识高空抛物：高空坠物"飞来横祸"谁担责 …… 212

46. 认识动物侵权：小学生放学后被狗咬掉耳朵致残 …… 218

第五编　法眼识犯罪

47. 认识未成年人犯罪：被冲动犯罪改写的人生 …… 224

48. 认识故意伤害罪："校霸"闹事被群殴致死 …… 229

49. 认识故意杀人罪：初中生偷尝禁果酿下惨剧 …… 234

50. 认识过失致人死亡罪：少年见义勇为抓小偷致人死亡 …… 239

51. 认识强奸罪："早恋"也能构成强奸罪 …… 243

52. 认识抢劫罪：未成年人索取学生财物被判刑 …… 249

53. 认识盗窃罪：孩子偷拿父母的钱也会构成犯罪 …… 254

54. 认识交通肇事罪：行人也能构成交通肇事罪 …… 258

55. 认识危险驾驶罪：校车超载驾驶员被判刑 …… 263

56. 认识破坏计算机信息系统罪：入侵教务系统为同学改分被判刑 …… 268

57. 认识代替考试罪：冒名替考也入刑 …… 272

01

第 一 编

法眼识自己

树立权利意识，先从认识自己开始。

1. 认识"自然人""公民"和"人民":我是谁

 我想知道 >>>

家庭中,我是爸爸妈妈的子女,是爷爷奶奶的孙子女,是外公外婆的外孙,以后我还会成为爸爸妈妈。作为一个独立的、有思想的生命个体,我有什么样的法律地位?"我"是谁?

 身边案例 >>>

"文革"时期,有位顾客去国营商店购物,售货员大姐对其不理不睬,顾客怒不可遏,指着墙上的标语质问:"毛主席教导你们要全心全意为人民服务,你为什么不为我服务?"

售货员反唇相讥:"我是为人民服务,又不是为你一个人服务!"

这位售货员的服务态度需要批评教育,但她无意间说出的话中却诠释了一个政治属性较强的概念——"人民"的内涵:"人民"是个群体的概念,单个人当然不能自称是人民,顶多说自己是人民的一员。

在法治缺失的时代,非我即他,不是"人民"就是"敌人"。在特定的历史时期,人民是一个政治概念,是以阶级内容划分的。在我国现阶段,凡拥护社会主义、拥护祖国统一的阶级、阶层和社会集团,都是人民的范围。

在政治上，未成年人也是人民的一员；在宪法、法律上，包括未成年人在内的所有具有我国国籍的人更精确的概念是"公民"。

法律告诉你 >>>

所谓公民，是指取得某国国籍，并根据该国法律规定享有权利和承担义务的人。

公民与人民的区别在于：

范畴不同：公民是与外国人、无国籍人相对应的法律概念；人民在不同历史时期有不同内容，现阶段，人民是指全体社会主义劳动者，拥护社会主义的爱国者和拥护祖国统一的爱国者。

范围不同：我国公民范围比人民范围更广。

后果不同：公民中的人民，享有宪法和法律规定的一切公民权利并履行全部义务；公民中的敌人则不能享有全部权利，也不能履行某些义务。

概念不同：公民一般表示个体的概念，是具体的概念，可以落实到某个人的身上；人民所表达的是群体的概念，是集合概念，无法指向任何一个人。公民是一个法律概念，凡具有我国国籍的人都是我国的公民。

其实，我们还有一个名称：自然人。

自然人是指基于自然出生而依法在民事上享有权利和承担义务的个人。在我国，公民在民事法律地位上和自然人同义。但是公民往往仅指具有一国国籍的自然人，而自然人的范围更广，还包括外国人和无国籍人。所有的公民都是自然人，但并不是所有的自然人都是某一特定国家的公民。

与自然人是相对应的法律概念是"法人"。自然人与法人都是民事主体，法人是一种社会组织，自然人是在自然条件下诞生的人，包括书面同意的人工受精产生的子女，也属于婚生子女，属于自然人。

自然人是抽象的人的概念，是在自然状态之下而作为民事主体存在的人，代表着人格，代表其有权参加民事活动，享有权利并承担义务。自然人主体资格具有广泛性，任何人都要参加民事法律关系，不论其是否愿意，都要受到民事法律关系的调整，所有的人都有平等的民事权利，有平等的民事义务。

现在，终于明白了"我"是谁："我"是具有独立法律地位的自然人，"我"是中华人民共和国公民，"我"是热爱和平的中国人民中的一员。

多长点知识 >>>

克隆人

中国古代神魔小说《西游记》中，齐天大圣孙悟空用自己的汗毛变成无数个小孙悟空的离奇故事，表达了人类对复制自身的幻想。1978年，美国科幻小说家罗维克写了一本名叫《克隆人》的书，内容是一位富商将自己的体细胞核移植到一枚去核卵中，然后将其在体外卵裂成的胚胎移植到母体子宫中，经过足月的怀孕，最后生下了一个健康的男婴，这个男婴就是那位提供体细胞核商人的克隆人。

随着科学技术的发展，幻想可能就会变成现实。1997年2月27日，英国爱丁堡罗斯林研究所的伊恩·维尔莫特科学研究小组向世界宣布，科研人员从一只成年绵羊身上提取体细胞，然后把这个体细胞的细胞核注入另一只绵羊的卵细胞之中，而这个卵细胞已经抽去了细胞核，最终新合成的卵细胞在第三只绵羊的子宫内发育，世界上第一头克隆绵羊"多利"（Dolly）诞生，这一消息立刻轰动了全世界。但是，由于克隆人可能带来科学、法律、伦理等复杂的后果，现在一些生物技术发达的国家大都对此采取明令禁止或者严加限制的态度。

然而，在难以想象的未来世界里，也许真的有一天，我们彼此相互认识时还得问问：您是自然人还是克隆人？

这些法律和我相关 >>>

■《中华人民共和国宪法》

第三十三条：凡具有中华人民共和国国籍的人都是中华人民共和国公民。

中华人民共和国公民在法律面前一律平等。

国家尊重和保障人权。

任何公民享有宪法和法律规定的权利，同时必须履行宪法和法律规定的义务。

■《中华人民共和国民法通则》

第五条：公民、法人的合法的民事权益受法律保护，任何组织和个人不得侵犯。

第八条：……

本法关于公民的规定，适用于在中华人民共和国领域内的外国人、无国籍人，法律另有规定的除外。

■《中华人民共和国合同法》

第二条：本法所称合同是平等主体的自然人、法人、其他组织之间设立、变更、终止民事权利义务关系的协议。

婚姻、收养、监护等有关身份关系的协议，适用其他法律的规定。

2. 认识"权利能力"和"行为能力":中学生自购手机家长有权退货

从咿呀学语到懵懂少年,在时间老人的陪伴下我渐渐长大,由不懂事的婴儿成为汲取知识和思想的学生,除了年龄和身体的成长,法律上,不断长大的我,有哪些权利能力和行为能力也在变化?

在中学校园,学生持有手机已不是什么新鲜事。中学生小蒋见有的同学用上了款式新颖、功能齐全的手机,心里也有些痒痒,但是他的父母却担心影响学习坚决不给买。于是,经不住诱惑的小蒋偷偷从自己的压岁钱中取出2000元钱,买了一部时尚手机。他的家长在购买手机后的第三天得知情况,便带他去商场退货。可是商场却以"手机售出不能退换"为由拒绝退货。双方协商未果,小蒋的爸爸就将商场告上了法庭。

法院经过审理认为,根据我国《民法通则》的规定,十周岁以上不满十八周岁的未成年人和不能完全辨认自己行为的精神病人为限制民事行为能力人。限制民事行为能力人只能进行与其年龄、智力相适应的民事活动,其他民事活动由他的法定代理人代理，或者征得他的法定代理人的同意。中学生小蒋未满十八周岁，属于限制民事行为能力人。限制民事行为能力人依法不能独立实施的民事行为无效。小蒋从自己的压岁钱中取出两千元钱，偷偷去买了一部时尚手机，不是纯获利益的合同，也不是与其年龄、智力、精神健康状况相适应而订立的合同，所以在法律上要法定代理人追认。因此，小蒋的行为属于效力待定的民事行为，若经法定代理人追认，则其民事法律行为才有效，若家长不予追认，则该民事行为无效。本案中，小蒋所处年龄阶段明显不能清楚认知其处分两千元人民币这一行为的法律后果，且父母已明确表示不予追认其行为的效力，所以小蒋与商场就手机形成的买卖合同无效，商场应当退货。

法律告诉你 >>>

民事权利能力是指法律赋予民事主体享有民事权利和承担民事义务的能力，也就是民事主体享有权利和承担义务的资格。如法律规定，国家保护公民的财产所有权，则每一个公民都享有行使财产所有权的权利能力。国家赋予公民的民事权利能力是一种法律上的确认，它不以公民是否行使民事权利决定是否拥有民事权利能力。公民的权利能力始于出生，终于死亡。一般说来，公民的权利能力与年龄无关，但有的权利能力，需要达到一定年龄时才能享有，如工作的权利能力。公民的权利能力是法律所赋予的，与公民的人身不可分离，非依法律不得限制与剥夺。

在我国，任何一个公民作为自然人，只要没有被依法剥夺权利，都具有平等的民事权利能力。民事权利能力是与生俱来的。而行为能力则不同，要根据人的年龄、智力、精神状况等区分为完全民事行为能力人、限制民事行为能力人和无民事行为能力人。

民事行为能力是指民事主体以自己的行为享有民事权利、承担民事义务的能力。这里的"能力"是指民事主体的意识能力或者精神状态，包括思维是否正常，是否有认识能力、判断能力，是否具有辨别是非和处理自己事务的能力。

民事行为能力与民事权利能力不同。民事行为能力以民事权利能力为前提，只有具备民事权利能力，才可能有民事行为能力。但有民事权利能力，不一定有民事行为能力。民事行为能力既包括民事主体对其实施的合法行为取得民事权利、承担民事义务的能力，也包括对其实施的违法行为承担民事责任的能力。

自然人的民事行为能力分为完全民事行为能力、无民事行为能力和限制民事行为能力三种情况。完全民事行为能力是指达到一定年龄的人具有以自己的行为取得民事权利和承担民事义务的资格。一般而言，成年人生理和心理发育成熟，具有一定的社会经验和对事物的认识能力和判断能力，具有独立生活的能力，不仅能够有意识地实施法律行为，而且能够估计到实施某种行为可能发生的后果及对自己和他人的影响。因此，一般的立法都规定成年人在法律上具有完全民事行为能力。我国《民法通则》规定，十八周岁以上的公民是成年人，具有完全民事行为能力，可以独立进行民事活动，是完全民事行为能力人。

无民事行为能力是指公民不具有以自己的行为参与民事法律关系取得民事权利和承担民事义务的资格。依据我国《民法通则》的规定，不满十周岁的未成年人和不能辨认自己行为的精神病人是无民事行为能力人。不满十周岁的未成年人，由于年龄太小，认识能力与判断能力太差，还不能有意识、有目的地进行民事活动，从保护他们的利益和保障社会经济秩序出发，法律不赋予他们民事行为能力。他们所需要进行的民事活动，由他们的父母或者其他法定代理人代为进行。不能辨认自己行为的精神病人，由于他们丧失了认识能力和判断能力，无法独立进行民事活动，从维护他们的利益与保障社会经济秩序出发，法律不赋予他们民事行为能力。他们所需要进行的民事活动，由其法定代理人代为进行。

限制民事行为能力又称不完全民事行为能力，按照我国《民法通则》的规定，十周岁以上的未成年人和不能完全辨认自己行为的精神病人是限制民事行为能力人。十周岁以上的未成年人，生理与心理有了一定程度地发育，并且已接受一定程度的正规而有系统的社会教育,有一定的认识能力与判断能力,具有一定的独立生活能力,并且随着年龄的增长,各方面的能力也在不断地增强,具备了部分从事民事活动的能力。因此,法律应当赋予他们一定的民事行为能力。另一方面,限制民事行为能力人虽然有一定的行为能力,但智力发展还不全面,社会生活经验还不够丰富,认识能力与判断能力还比较弱,对某些较为复杂的事情还不能完全进行成熟的认识与判断,也不完全具备有效保护自己的能力。因此,法律不能赋予他们完全的民事行为能力,而是赋予他们一定的、与其认识能力和判断能力相适应的行为能力。他们可以进行与其年龄、智力相适应的民事活动,其他民事活动由其法定代理人代理进行,或者取得法定代理人的同意。精神病人也是一样,并非所有精神病人都是完全没有民事行为能力的人,有的精神病人并未完全丧失行为能力,有一定的认识与判断能力,应当赋予一定的民事行为能力。因此,《民法通则》规定,不能完全辨认自己行为的精神病人是限制民事行为能力人,可以进行与其精神健康状况相适应的民事活动;其他民事活动由其法定代理人代理,或者征得其法定代理人的同意。

多长点知识 >>>

身高曾经是古代区分成年的标准

随着法治文明的进步,现代世界各国的法律一般都会明确规定公民的民事权利能力一律平等。而在古代,一些人一生下来就享有特权,一些人则被歧视受限制。特别是在奴隶制社会,贵族血统的子孙天生就是贵族,而奴隶的后代永远都是奴隶,是没有权利可言的。

为了承担更重的法律义务,我国古代区分成年与未成年人的标准并不仅仅依据年龄。在秦国还没有统一六国、仅为一方诸侯的时候,规定国民到了十五岁就要承担国家义务,包括各种赋税徭役,男子还要出征打仗,服兵役。在春秋战国这样的动荡时期,各国之间人口流动频繁,人口出生档案资料难以保存，秦国又大力招揽外来人口以充实国力，所以国民的实际年龄很难确定，于是身高就成了一个客观且易于判断的标准。秦简《仓律》记载："隶臣、城旦高不盈六尺五寸，隶妾、舂高不盈六尺二寸，皆为小。"可见，男性身高达六尺五寸，女性身高达六尺二寸为成年人。到汉代，进入了封建社会的稳固发展期，年龄才成为区分责任能力的主要标准。

 这些法律和我相关 >>>

■《中华人民共和国民法通则》

第九条：公民从出生时起到死亡时止，具有民事权利能力，依法享有民事权利，承担民事义务。

第十条：公民的民事权利能力一律平等。

第十一条：十八周岁以上的公民是成年人，具有完全民事行为能力，可以独立进行民事活动，是完全民事行为能力人。

十六周岁以上不满十八周岁的公民，以自己的劳动收入为主要生活来源的，视为完全民事行为能力人。

第十二条：十周岁以上的未成年人是限制民事行为能力人，可以进行与他的年龄、智力相适应的民事活动；其他民事活动由他的法定代理人代理，或者征得他的法定代理人的同意。

不满十周岁的未成年人是无民事行为能力人，由他的法定代理人代理民事活动。

第十三条：不能辨认自己行为的精神病人是无民事行为能力人，由他的法定代理人代理民事活动。

不能完全辨认自己行为的精神病人是限制民事行为能力人，可以进行与他的精神健康状况相适应的民事活动；其他民事活动由他的法定代理人代理，或者征得他的法定代理人的同意。

第十四条：无民事行为能力人、限制民事行为能力人的监护人是他的法定代理人。

■《最高人民法院关于贯彻执行〈中华人民共和国民法通则〉若干问题的意见（试行）》

3.十周岁以上的未成年人进行的民事活动是否与其年龄、智力状况相适应，可以从行为与本人生活相关联的程度、本人的智力能否理解其行为并预见相应的行为后果，以及标的数额等方面认定。

■《中华人民共和国合同法》

第四十七条：限制民事行为能力人订立的合同，经法定代理人追认后，该合同有效，但纯获利益的合同或者与其年龄、智力、精神健康状况相适应而订立的合同，不必经法定代理人追认。

相对人可以催告法定代理人在一个月内予以追认。法定代理人未作表示的，视为拒绝追认。合同被追认之前，善意相对人有撤销的权利。撤销应当以通知的方式作出。

3. 认识生命权：少女晚回家被责骂跳楼坠亡

我想知道 >>>

子曰：身体发肤，受之父母，不敢毁伤，孝之始也。圣人告诉我们：身体毛发皮肤是父母给我们的，我们必须珍惜它，爱护它，因为健康的身心是做人做事的最基本条件，所以珍惜它，爱护它就是行孝尽孝的开始。古人教导我们善待生命，可是为什么总有未成年人以自杀的方式结束生命，制造了一个个家庭和社会悲剧？

身边案例 >>>

小盈是一名初三学生，就读于其住所附近一所中学，成绩还不错，班上能排个中上游水平。一天，在因为晚归和父母发生冲突后，年仅14岁的少女小盈从6楼纵身跳下，在抢救了近1小时后，她还是离开了这个世界。小盈跳楼前曾留下一封长达4页的遗书。前三页看得出来她的情绪很激动，一页纸上写了几十个"你去死"和"你怎么还不死"等字句。除了满满3页内心情绪的发泄，最后只有一句遗言："爸妈对不起，希望你们别太伤心。"

导致小盈轻生悲剧的原因是多方面的，和父母的冲突只是最后的导火索，在事情发生之前，她已经累积了很多不良情绪，一直没有得到纾解，最后才导致悲剧的发生。青春期的学生情绪大多敏感，有的学生在老师、家长或者同学那里不能得到肯定，长期如此，也会降低自我评价，造成心理上的问题。

由于青少年对于生命缺乏应有的认知和了解，不懂得如何去尊重和敬畏生命。一旦遭遇挫折，往往不能坦然承担和面对，心理防线崩塌之后，可能就会选择走上不归路。不管是家庭，还是学校、社会，都应该将生命教育灌输到青少年们的内心深处，引导他们尊重生命、关爱他人，避免自杀悲剧发生。

法律告诉你 >>>

生命权是以自然人的性命维持和安全利益为内容的人格权。我国《民法通则》规定，公民享有生命健康权。这里的生命健康权，实际上是生命权、健康权与身体权的总称。生命权是自然人的一项根本的人格权，它在维护自然人的生命安全的同时，也成为自然人享有其他人格权的前提和基础。公民的各项人格权均以公民的生存为前提，一旦公民的生命权遭到侵害而丧失生命，则其他人格权也就不复存在。

法律规范中的生命主要指社会意义的生命，自然人当然享有的自杀权会被社会秩序观否定。在侵害生命权的损害赔偿中，只能是第三人作为请求主体，法律只能重视生命所联系的社会关系的重整。然而，法律又不能全部按照社会意义规范生命权，否则容易丧失最起码的人道主义关怀。例如，完全失去知觉的植物人、毫无治愈希望的病人，只要在医学上仍然活着，医院或病人家属不能据此而中止医治。从刑法意义上讲，故意剥夺他人生命的行为都是刑法严厉惩处的行为，造成他人死亡后果一般作为加重处罚的情节。对于违法犯罪分子的刑事处罚，大多数国家一般也采用慎用死刑的原则。

生命神圣论是一种古老的生命伦理观，不论是宗教、世俗或神话传说，无不认为人的生命是最神圣的、无价的，一切以人的生命为最高目标。生命是不可以替代和不可逆转的，是人得以存在的体现，是公民享有权利和承担义务的前提和基础，是自然人的最高人格利益。在宪法确立的价值秩序中，生命权的价值具备优先性，相较于其他法益，人的生命或人性尊严有明显较高的位阶，法律优先保护公民的生命权利。

多长点知识 >>>

安乐死

安乐死又叫无痛苦致死，是指患了绝症、濒临死亡的病人由于难以忍受肉体及精神上的剧烈痛苦，经本人要求，医生为解除病人难以忍受的剧烈痛苦，采取措施使病人提前结束其生命的行为。

在国外，从20世纪30年代至今，实施安乐死的行为在刑法领域一直讨论不休。所论及的问题，主要是实施安乐死的行为是否构成故意杀人的犯罪行为。

从民法的角度看，安乐死应当立足于个人对自己的生命利益有无支配权。如果承认有生命利益支配权，对身患绝症、濒临死亡、身心遭受极度痛苦的人来讲，请求安乐死的行为，属于支配自己生命利益的正当行为，从而使医生实施安乐死的行为合法化。根据学者们的主张，实施安乐死应具备如下条件：病人必须是身患绝症且濒临死亡；病人遭受极度痛苦且不堪忍受；病人必须亲自自愿请求采取安乐死；病人的请求必须经医院特殊部门批准等。

对于安乐死，我国没有相关的法律规定，因此不得实施。

这些法律和我相关 >>>

■《中华人民共和国民法通则》

第九十八条：公民享有生命健康权。

第一百一十九条：侵害公民身体造成伤害的，应当赔偿医疗费、因误工减少的收入、残废者生活补助费等费用；造成死亡的，并应当支付丧葬费、死者生前扶养的人必要的生活费等费用。

■《中华人民共和国刑法》

第四十八条：死刑只适用于罪行极其严重的犯罪分子。对于应当判处死刑的犯罪分子，如果不是必须立即执行的，可以判处死刑同时宣告缓期二年执行。

死刑除依法由最高人民法院判决的以外，都应当报请最高人民法院核准。死刑缓期执行的，可以由高级人民法院判决或者核准。

第四十九条：犯罪的时候不满十八周岁的人和审判的时候怀孕的妇女，不适用死刑。

审判的时候已满七十五周岁的人，不适用死刑，但以特别残忍手段致人死亡的除外。

第二百三十二条：故意杀人的，处死刑、无期徒刑或者十年以上有期徒刑；情节较轻的，处三年以上十年以下有期徒刑。

第二百三十三条：过失致人死亡的，处三年以上七年以下有期徒刑；情节较轻的，处三年以下有期徒刑。本法另有规定的，依照规定。

4. 认识人身自由权：同学丢钱老师岂能让学生互相搜身

幼稚的我也许错过，也会做错，因为不该有的怀疑，他人能够随便搜身吗？

据《郑州晚报》报道，2002年11月5日，对于在河南郑州某区某小学二年级4班的学生来说，是一个不平静的日子：为了寻找班上一名同学丢失的10元钱，中午快放学时，班主任居然让他们互相搜身。

记者问起"搜身"的事情，孩子便七嘴八舌地讲述了事情的经过：因为要订报纸，所以早上上学时，大家都从家里带了钱。第一节下课后，一名同学发现自己的10元钱不见了。班主任老师得知情况后，几次在班里问，但一直没有人承认。放学前，班主任老师便让全班同学互相搜衣服兜和书包，但最后也没有找到钱。一名同学仰着稚嫩的小脸说："老师让我们分组搜，单数组搜双数组的，然后双数组再来搜单数组。"另一名小同学捧着腮，闷闷地说："我觉得别人搜我的衣服口袋很不舒服，我不想搜别人，也不想让别人搜我。"

当记者找到这位班主任老师,并说明来意时,她的第一反应是:"这在我们学校根本就是小事一桩,我没有必要为此说什么。"在一再追问下,这位老师认为,自己只是让孩子们互相看看,并没有"搜身"那么严重,"学生反映了丢钱的情况,我就得处理,而且,在班里问了几次都没有人承认。当时也考虑到对孩子的伤害,但我们工作太忙,不可能因为这件事耽误太长时间。"

其实,这位老师没有想到的是,她认为的所谓"小事",却是对孩子一种人格上的侮辱。这种行为不但会对孩子幼小的心灵造成很多不良影响,孩子们之间还可能会因此而产生一种潜意识的隔阂,互相之间不信任。而且,"搜身"可能会带给孩子一种误导,让孩子感觉到,有些事是可以通过"搜身"这种简单粗暴的方式来解决的。

法律告诉你 >>>

人身自由权是指公民在法律范围内的行为不受他人干涉,不受非法逮捕、拘禁,不被非法剥夺、限制自由及非法搜查身体的自由权利。人身自由权是公民支配自己的身体的权利。公民的身体为公民自己所有,动静举止由自己决定,不受他人非法限制。人身自由是人格权的重要内容,失去身体的自由,也就失去了正常工作和生活的可能,人身自由权是其他一切自由权利的前提和基础。

《中华人民共和国宪法》明确规定,禁止非法拘禁和以其他方法非法剥夺或者限制公民的人身自由,禁止非法搜查公民的身体。公民的人格尊严不受侵犯。禁止用任何方法对公民进行侮辱、诽谤和诬告陷害。未成年人的人身自由同样不受侵犯,禁止非法拘禁、剥夺或限制未成年人的人身自由和非法搜身。

为了切实保护公民的人身权利,我国法律对搜查作了严格的限制。根据我国《刑事诉讼法》规定,侦查人员为了收集犯罪证据、查获犯罪人,可以对犯罪嫌疑人以及可能隐藏罪犯或者犯罪证据的人的身体、物品、住处和其他有关的地方进行搜查。此条规定的搜查权属于刑事侦查权的一种。按照法律规定，侦查权只能由公安、检察、国家安全机关行使。进行搜查时，必须向被搜查人出示搜查证。在执行逮捕、拘留的时候，遇有紧急情况，不另用搜查证也可以进行搜查。在搜查的时候，应当有被搜查人或者他的家属、邻居或者其他见证人在场。总之，搜查只能由法定的机关按照法定的程序进行，除公安、检察、国家安全机关外，其他任何机关、团体和个人，不管出于什么目的，都无权对他人进行人身搜查，否则就是违法行为，情节严重的，还可能构成非法搜查罪。

就本案例来讲，老师虽然享有教育和管理学生的权利，但并不享有法律规定的搜查权。老师在发现学生的东西被偷后，指使学生互相搜身，显然是对学生人身权利的漠视和侵犯，是一种违法的行为。非法搜身侵犯了公民依法所享有的人格尊严权和人身自由权，是对公民人身自由的限制和剥夺。而无端怀疑他人有偷盗行为，又是对他人人格的一种贬低和毁损。学生的钱财被人偷了，当然要及时予以查清，但查清行为必须符合法律的规定。

在校园内遇到类似的情况，首先应向学校的保卫部门或当地派出所报告，如果自己或指使其他学生随意搜查，就会因违法而承担相应的民事责任，甚至还会受到行政处分，情节严重或者造成重大影响的，还要被追究刑事责任。

 多长点知识 >>>

割发代首

古人讲究"身体发肤，受之父母，不可毁伤"，在古代，削发是对人格权很重的处罚。《三国志》记载：常出军，行经麦中，令"士卒无败麦，犯者死"。骑士皆下马，付麦以相持，于是太祖马腾入麦中，敕主簿议罪；主簿对以春秋之义，罚不加于尊。太祖曰："制法而自犯之，何以帅下？然孤为军帅，不可自杀，请自刑。"因援剑割发以置地。

三国时期，曹操发兵宛城时规定："大小将校，凡过麦田，但有践踏者，并皆斩首。"因此，官兵在经过麦田时，都下马用手扶着麦秆，一个接着一个，相互传递着走过麦地，没一个敢践踏麦子的。突然，田野里飞起一只鸟儿，惊吓了曹操的马，他的马一下子蹿入田地，踏坏了一片麦田。曹操要执法官为自己定罪，被执法官拒绝，于是便要举刀自杀，被众人劝住。于是，他就用剑割断自己的头发说："那么，我就割掉头发代替我的头吧。"

这些法律和我相关 >>>

■《中华人民共和国宪法》

第三十七条：中华人民共和国公民的人身自由不受侵犯。

任何公民，非经人民检察院批准或者决定或者人民法院决定，并由公安机关执行，不受逮捕。

禁止非法拘禁和以其他方法非法剥夺或者限制公民的人身自由，禁止非法搜查公民的身体。

■《中华人民共和国刑事诉讼法》

第一百三十四条：为了收集犯罪证据、查获犯罪人，侦查人员可以对犯罪嫌疑人以及可能隐藏罪犯或者犯罪证据的人的身体、物品、住处和其他有关的地方进行搜查。

第一百三十七条：在搜查的时候，应当有被搜查人或者他的家属、邻居或者其他见证人在场。

搜查妇女的身体，应当由女工作人员进行。

5. 认识受保护权：爸爸不在场我可以说不

老师告诉我，任何公民都有作证的义务，警察叔叔找我取证，家长不在场的情况下，我该怎么做？

幼儿园小朋友壮壮和外婆住在一起，两天前，邻居家来的客人将一个装有几千元现金的提包落在了停在门口的摩托车上，邻居向派出所报了案，并提出可能是壮壮的外婆拿走了提包。当时壮壮和外婆在一起，负责办案的警察便希望通过询问壮壮来获取线索。警察来到幼儿园要求找壮壮了解情况，幼儿园园长能拒绝他们的要求吗？

受保护权在《儿童权利公约》里包括：反对一切形式的儿童歧视；每一个儿童将得到平等对待；保护儿童一切人身权利及关于处于危机、紧急情况下的儿童保护；脱离家庭的儿童保护。

在我国，对儿童权利的保护包含两方面：一方面根据儿童身心发展的需要及特点，将关于保护儿童权利的原则以法律形式固定下来，用以调整家庭、学校、社会各方面及公民个人同儿童权利保护之间的关系；另一方面，对儿童权利负有保护义务的组织和个人，必须严格执行和遵守国家法律关于儿童权利保护的各项规定，按照作为或不作为的要求，确保儿童权利法律保护的实现。目前，我国对幼儿法律权利保障还缺少明确的法律规定，根据《儿童权利公约》及相关立法精神，为了保障幼儿身心全面发展，对幼儿法律权利的保障应遵循儿童优先原则，儿童不受任何歧视的原则，保障儿童生存、生命和发展的原则和社会责任原则。

结合儿童法律权利保障的基本精神来看，本案中警察的要求是不适当的。根据儿童优先原则，要求成人或社会作决定时，应考虑到符合儿童的最大权益。一方面，未成年人生理和心理的不成熟性决定了他们不具备成熟的辨认能力，他们只可能回答那些与他们的年龄和智力状况相适应的问题；另一方面，作为办案人员的警察应考虑到儿童的身心承受能力，应防止为了追查案件而可能导致的对未成年人的不利影响或侵害。

同时，我国《未成年人保护法》明确规定了家庭、学校和社会对保护未成人所应承担的各种义务。幼儿园作为保育、教育机构，在保育、教育的过程中，除了要求本园的各类工作人员应当依法从教，尊重、保护幼儿的各项合法权益之外，还应注意防范社会上的其他人员（如家长、其他部门的人员等）可能对幼儿合法权益造成的侵害。根据我国《未成年人保护法》第五十六条的规定，公安机关、人民检察院讯问未成年犯罪嫌疑人，讯问未成年证人、被害人，应当通知监护人到场。因此，在未成年人监护人不在场的情况下，幼儿园可以依法拒绝警察向幼儿取证的要求。

 多长点知识 >>>

米兰达警告

"你有权保持沉默!"熟悉美国警匪片的朋友们,对警察向犯罪嫌疑人说出的第一句话都耳熟能详:"你有权保持沉默。如果你不保持沉默,那么你所说的一切都能够用来在法庭作为控告你的证据。你有权在受审时请律师在一旁咨询。如果你付不起律师费的话,法庭会为你免费提供律师。你是否完全了解你的上述权利?"这句话就是著名的"米兰达警告",也称"米兰达告诫",即犯罪嫌疑人、被告人在被讯问时,有保持沉默和拒绝回答的权利。

米兰达警告(Miranda Warning)是美国警察(包括检察官)根据美国联邦最高法院在1966年米兰达诉亚利桑那州案的判例中,最终确立的米兰达规则。在讯问刑事案件嫌疑人之前,必须对其明白无误地告知其有权援引宪法第五修正案,即刑事案件嫌疑犯有"不被强迫自证其罪的特权",而行使沉默权和要求得到律师协助的权利。

米兰达规则虽然源自美国,但普通法系国家都吸纳了这项警告的精神,保障公民权利及司法公正。证供的可信性在普通法系的法庭非常重要,这项警告对司法过程具有重要影响,既保证了犯罪嫌疑人证词的可信性,在某种程度上也避免了犯罪嫌疑人被屈打成招。

这些法律和我相关 >>>

■《中华人民共和国未成年人保护法》

第五十六条:公安机关、人民检察院讯问未成年犯罪嫌疑人,讯问未成年证人、被害人,应当通知监护人到场。

……

■《中华人民共和国刑事诉讼法》

第五十二条：人民法院、人民检察院和公安机关有权向有关单位和个人收集、调取证据。有关单位和个人应当如实提供证据。

……

第六十条：凡是知道案件情况的人，都有作证的义务。

生理上、精神上有缺陷或者年幼，不能辨别是非、不能正确表达的人，不能作证人。

■《中华人民共和国治安管理处罚法》

第八十四条：

……

询问不满十六周岁的违反治安管理行为人，应当通知其父母或者其他监护人到场。

6. 认识受教育权：宪法权利需要司法保障

我想知道 >>>

教育，关系到一个国家的前途与命运。每个公民只有受到过良好的教育，才会有美好的未来。能否平等地接受良好的教育，不仅对个人意义重大，也同样对国家的发展有着深远的影响。谁来保护公民的受教育权？

身边案例 >>>

2002年，山东审结一起冒名上学案。原告齐某某诉称，其经统一招生考试后，按照自己填报的志愿，被济宁商校录取为九〇级财会专业委培生。由于被告陈某某、山东省济宁商业学校、山东省滕州市第八中学、滕州市教育委员会共同弄虚作假，促成被告陈某某冒用原告的姓名进入济宁商校学习，致使原告的姓名权、受教育权以及其他相关权益被侵犯，请求判令各被告停止侵害、赔礼道歉，并给原告赔偿经济损失16万元。

经审理查明，原告齐某某与被告陈某某均是滕州八中的九〇届应届初中毕业生，当时同在滕州八中驻地滕州市鲍沟镇圈里村居住，二人相貌有明显差异。齐某某在九〇届统考中取得成绩441分，虽未达到当年统一招生的录取分数线，但超过了委培生的录取分数线。当年录取工作结束后，被告济宁商校发出了录取齐某某为该校九〇级财会专业委培生的通知书，该通知书由滕州八中转交。被告陈某某在1990年中专预选考试中，因成绩不合格，失去了继续参加统考的资格。为能继续升学，陈某某从滕州八中将齐某某的录取通知书领走。陈某某之父、被告陈某某为此联系了滕州市鲍沟镇政府作其女儿陈某某的委培单位。陈某某持齐某某的录取通知书到济宁商校报到时，没有携带准考证；报到后，以齐某某的名义在济宁商校就读。陈某某在济宁商校就读期间的学生档案，仍然是齐某某初中阶段及中考期间形成的考生资料。陈某某读书期间，陈父将原为陈某某联系的委培单位变更为中国银行滕州支行。1993年，陈某某从济宁商校毕业，自带档案到委培单位中国银行滕州支行参加工作。在中国银行滕州支行的人事档案中，陈某某使用的姓名仍为"齐某某"，"陈某某"一名只在其户籍中使用。

最终，法院认定陈某某等侵犯了齐某某的姓名权和受教育的权利，判决赔偿原告的直接损失、间接损失48045元及精神损害赔偿5万元。

所谓受教育权，是指公民所享有的并由国家保障实现的接受教育的权利，其内容包括受教育机会权、受教育条件权和公正评价权三个方面。在我国法学界，一般认为受教育权是宪法确认和保障的一项基本人权，属于社会经济权利的范畴。侵害受教育权，实际上就是侵害了他人通过教育获得人力资本并最终获得财产利益的可能性，使公民从国家接受文化教育的机会以及获得受教育的物质帮助受到侵害。

就本案例来讲，根据我国《民法通则》的规定，公民享有姓名权，有权决定、使用和依照规定改变自己的姓名，禁止他人干涉、盗用、假冒。被告陈某某在中考落选、升学无望的情况下，实施冒用原告齐某某姓名上学的行为，目的在于利用齐某某已过委培分数线的考试成绩，为自己升学和今后就业创造条件，其结果构成了对齐某某姓名的盗用和假冒，是侵害姓名权的一种特殊表现形式。原告齐某某主张的受教育权，属于公民一般人格权范畴，它是公民丰富和发展自身人格的自由权利，来源于我国宪法第四十六条第一款的规定。根据本案事实，陈某某等以侵犯姓名权的手段，侵犯了齐某某依据宪法规定所享有的受教育的基本权利，并造成了具体的损害后果，应承担相应的民事责任。

我国《民法通则》第一百二十条规定，公民的姓名权、肖像权、名誉权、荣誉权受到侵害的，有权要求停止侵害，恢复名誉，消除影响，赔礼道歉，并可以要求赔偿损失。原告齐某某的权利被侵犯，除被告陈某某、陈父应承担主要责任外，被告济宁商校明知陈某某冒用齐某某的姓名上学仍予接受，故意维护侵权行为的存续，应承担重要责任；被告滕州八中在考生报名环节疏于监督、检查，并与被告滕州教委分别在事后为陈某某、陈父掩饰冒名行为提供便利条件，亦有重大过失，均应承担一定责任。

该案由于一审判决仅认可原告姓名权受侵害，驳回其受教育权被侵害的主张。二审法院请示最高法院，最高法院做出《关于以侵犯姓名权的手段侵犯宪法保护的公民受教育的基本权利是否应承担民事责任的批复》，二审法院根据此批复，做出终审判决。判决书写道："这种侵犯姓名权的行为，其实质是侵犯了齐玉苓依据宪法所享有的公民受教育的基本权利，各被告人应当承担民事责任。上诉人要求被上诉人承担侵犯其受教育的权利的责任，理由正当，应予支持。"作为判决的实体法依据，引用了宪法第46条、教育法第9条、第81条、民法通则第120条、第134条和最高法批复。这一判决突破了我国不得直接引用宪法条文作为判决依据的司法惯例，被誉为"开创了我国宪法司法化的先例"。

 多长点知识 >>>

美国加州医学院录取案

美国的纠偏行动起源于高等院校的录取过程。所谓纠偏行动（affirmative action），是指美国政府为了少数民族或妇女在历史上因遭受不公待遇而身处劣势的状况所采取的积极措施。早在20世纪60年代，肯尼迪总统在优惠少数种族的行政命令中就用了这个词，并以后一直为联邦或各州政策所沿用。但和歧视一样，纠偏行动也涉及针对种族、性别或其他特征的分类，因而同样也可能违反平等原则。对基于何种标准来审查"纠偏行动"，法院并未达成多数意见。

美国加州大学戴维斯分校的医学院为了弥补以往种族歧视的遗留后果，对少数人种的申请者采取了特殊录取项目，在100个名额中明确为少数人种保留了16个。一名本来符合录取标准但因特别录取项目而未获录取的白人申请者宣称，特别录取项目违反了美国宪法"平等保护"条款，并提起了诉讼。最终，最高法院以5：4表决，判决加州大学的"纠偏行动"方案违宪。

不过多数法官同意大学在录取中可以把种族考虑为一个因素，但不得仅基于种族就剥夺白人原告的录取机会或利益。法院意见认为，公立大学考虑录取少数民族来促进学生团体的多样化，本身是合法的政府目标，但为此目的而明确保留最低数量的名额，即构成明显歧视而无效。高校可以采取类似哈佛大学的录取方式，仅把种族作为一个参考因素。

这些法律和我相关 >>>

■《中华人民共和国宪法》

第四十六条：中华人民共和国公民有受教育的权利和义务。

国家培养青年、少年、儿童在品德、智力、体质等方面全面发展。

■《中华人民共和国教育法》

第九条：中华人民共和国公民有受教育的权利和义务。公民不分民族、种族、性别、职业、财产状况、宗教信仰等，依法享有平等的受教育机会。

■《中华人民共和国未成年人保护法》

第三条：……

未成年人享有受教育权，国家、社会、学校和家庭尊重和保障未成年人**的受教育权**。

7. 认识隐私权：我也有自己的"秘密"

我心底里对世界、对感情、对他人的想法，无论正确与否，只是想体验这个世界的丰富多彩，它们只属于我自己，是我的"小秘密"。然而，当别人打碎了这扇窗户，谁来保护我的隐私？

某中学高二女生李琴性格文静内向，自尊心极强，聪明好学，成绩优异，班主任陈老师很喜欢她，让她担任学习委员。可是到了高二第二学期期中考试，李琴学习成绩突然急剧下降。陈老师不久发现李琴收信、写信频繁，于是陈老师私自拆开几封信，发现都是外校一男生的来信。为了把她从恋爱的旋涡中拉出来，陈老师组织全班学生召开关于早恋的主题班会，对李琴进行了点名批评，并把一些来信的内容宣读出来，以此警戒和教育全班同学。后来，全校师生都知道了这一事情，李琴觉得自己无脸见人，一天晚自习后，投河自尽。

 **法律告诉你 >>>**

隐私权是指自然人享有的私人生活与私人信息秘密依法受到保护，不被他人非法侵扰、知悉、收集、利用和公开的一种人格权。隐私权在《世界人权宣言》第十二条中定义为："任何人的私生活、家庭、住宅和通信不得任意干涉，他的荣誉和名誉不得加以攻击。人人有权享受法律保护，以免受这种干涉或攻击。"我国宪法规定："中华人民共和国公民的人格尊严不受侵犯。禁止用任何方法对公民进行侮辱、诽谤和诬告陷害。"

每个人在社会生活中都会有自己的隐私，学生也毫不例外。隐私权的范围，对于学生来讲，主要包括学生的日记、家庭状况、个人历史、通信秘密等。随着互联网技术的广泛使用，利用网络技术侵害网民隐私和个人信息的事件屡有发生，2012年12月28日，全国人大常委会出台了《关于加强网络信息保护的决定》，拓展了隐私权的适用空间，将网络上的个人信息保护作为重点加以规定，个人隐私权的保护范围逐步扩大。

同时，我国《宪法》《刑法》和《未成年人保护法》等都特别强调对未成年人隐私权的保护，任何组织或者个人不得披露未成年人的个人隐私。对未成年人的信件、日记、电子邮件，任何组织或者个人不得隐匿、毁弃；除因追查犯罪的需要，由公安机关或者人民检察院依法进行检查，或者对无行为能力的未成年人的信件、日记、电子邮件由其父母或者其他监护人代为开拆、查阅外，任何组织或者个人不得开拆、查阅。我国《邮政法》也规定，任何单位和个人不得私自开拆、隐匿、毁弃他人邮件。因此，以书面、口头等形式宣扬他人隐私，或者捏造事实公然丑化他人人格以及用侮辱、诽谤等方式损害他人名誉，造成一定影响的，应当认定为侵害公民名誉权的行为。违反社会公共利益、社会公德侵害他人隐私或者其他人格利益，受害人以侵权为由向人民法院起诉请求赔偿精神损害的，人民法院应当依法予以受理。

本案中，班主任陈老师扣压学生李琴信件，私自开拆，并在全班宣读，不仅侵犯了学生的通信自由和通信秘密的权利，同时也侵犯了学生的人格尊严。当然，李琴投河自尽与班主任陈某的行为有一定的关联性，但李琴自杀的主要原因，还是由于其自身心理承受能力太差。陈老师的出发点是想把她从早恋的旋涡中拉出来，并没有逼她自杀的动机，因此，本案不能让班主任陈某承担逼死李琴的责任，陈某应当承担的是泄露学生隐私和损害学生人格尊严的法律责任，并由此应受到一定的行政处分。

多长点知识 >>>

人肉搜索

网络时代带来的"信息爆炸"使人们获取各类信息变得空前便利，然而，在我们获取外部信息的过程中，留下的各类登记信息和搜索记录也使得个人信息随之进入了透明的环境。其中，"人肉搜索"现象便应运而生。

"人肉搜索"一词，早在2007年6月出现于中国华讯互联旗下"网趣"，后来中国有一个叫"猫扑"的论坛，人气非常旺，人肉搜索引擎的概念就由此产生了。人肉搜索引擎之所以以"人肉"命名，是因为它与百度、Google等利用机器搜索技术不同，它更多的利用人工参与来提纯搜索引擎提供的信息。据了解，"人肉搜索"主要使用在一些提问回答网站，先是一人提问，然后八方回应，通过网络社区集合广大网民的力量，追查某些事情或人物的真相与隐私，并把这些细节曝光。人肉搜索中或许没有标准答案，但由于人肉搜索引擎聚集了各地的不同阶层、不同知识背景的人，人肉搜索引擎时刻显示着网民互动战争的浩瀚与壮阔。

"人肉搜索"借助网络的力量，在传统通讯设备失灵的条件下，极大地便利了各类信息的流通。然而，"人肉搜索"是把双刃剑，缺乏规制的"人肉搜索"，无论是否有道德理由为其辩护，都存在着侵犯他人权利的危险。"人肉搜索"与"公民隐私保护"的PK，实质上是公民言论和信息自由的权利主张与个人隐私权这两种权利的协调、妥协、平衡的过程，人肉搜索虽然可以用无所不搜的网络技术造福社会，也可能以无所不搜的失德行为伤害无辜。这样一个平台，无官方组织，无权威指导，如同潘多拉魔盒里放出的妖怪，触角伸得很长，能力十分强大而无法制约，很可能喷毒误伤，同时也可能侵犯他人隐私权，带来网络暴力问题。网络时代，权利与权利的冲突仍在继续，我们需要把握的底线是，人人都有被尊重的权利。

 **这些法律和我相关 >>>**

■《中华人民共和国宪法》

第四十条：中华人民共和国公民的通信自由和通信秘密受法律的保护。除因国家安全或者追查刑事犯罪的需要，由公安机关或者检察机关依照法律规定的程序对通信进行检查外，任何组织或者个人不得以任何理由侵犯公民的通信自由和通信秘密。

■《中华人民共和国未成年人保护法》

第三十九条：任何组织或者个人不得披露未成年人的个人隐私。

对未成年人的信件、日记、电子邮件，任何组织或者个人不得隐匿、毁弃；除因追查犯罪的需要，由公安机关或者人民检察院依法进行检查，或者对无行为能力的未成年人的信件、日记、电子邮件由其父母或者其他监护人代为开拆、查阅外，任何组织或者个人不得开拆、查阅。

■《中华人民共和国侵权责任法》

第六十二条：医疗机构及其医务人员应当对患者的隐私保密。泄露患者隐私或者未经患者同意公开其病历资料，造成患者损害的，应当承担侵权责任。

■《中华人民共和国计算机信息网络国际联网管理暂行规定实施办法》

第十八条：用户应当服从接入单位的管理，遵守用户守则；不得擅自进入未经许可的计算机系统，篡改他人信息；不得在网络上散发恶意信息，冒用他人名义发出信息，侵犯他人隐私；不得制造、传播计算机病毒及从事其它侵犯网络和他人合法权益的活动。

8. 认识名誉权：我的"名声"很重要

每当听到那些为国家、民族和世界做出巨大贡献的伟人的事迹，我们心中的敬意就会油然而生！作为一个普通人，良好的社会评价也是自己社会价值的重要体现，对于学生时代的我们来说，名声是否也同样重要？

17岁的少女周某是湖南省某艺术学校学生，因沉迷网络，夜不归宿。2007年2月，她的母亲与某青少年成长辅导中心签订协议，委托该中心对周某进行为期15天的封闭式心理辅导与行为教育，并交纳了6500元辅导费。周某进入该中心后，却受到基地教官采取的罚站、罚跑、不准吃饭、不准休息、不准上厕所、捆绑在木棒上等多种方式的虐待。长沙某电视台将上述内容录制成节目，并用周某的真实姓名在《故事》栏目中播出。

节目播出后，周某的亲戚、同学对此议论纷纷，给周某带来了巨大的心理压力，精神受到极大打击。周某认为青少年成长辅导中心、长沙某电视台的行为严重诋毁了自己的名誉，诉请法院判令青少年成长辅导中心、长沙某电视台赔礼道歉，消除影响，并赔偿周某医疗费用、精神损失费等共计5万余元。

最终，法院判决长沙某电视台立即停止播出涉案节目，并不得以任何形式传播；长沙某电视台、青少年成长辅导中心向周某赔礼道歉、消除影响，并共同赔偿周某精神抚慰金11000元。

所谓名誉，就是指公民、法人的名望声誉，是公民和法人的品德、才干、信誉等在社会中所获得的社会评价。名誉权是指公民或法人对自己的名誉依法享有的不可侵犯的权利。

我国《民法通则》规定，公民、法人享有名誉权，公民的人格尊严受法律保护，禁止用侮辱、诽谤等方式损害公民、法人的名誉。这些被维护的名誉就是具有人格评价意义的名声，是人格的重要组成部分，受法律的保护。对于侵犯名誉权的行为，根据法律法规的规定，人民法院可以责令侵权人停止侵害、恢复名誉、消除影响、赔礼道歉、赔偿损失。恢复名誉、消除影响、赔礼道歉可以采取书面或者口头方式进行，内容须事先经人民法院审查。恢复名誉、消除影响的范围，一般应与侵权所造成的不良影响的范围相当。公民、法人因名誉权受到侵害要求赔偿的，侵权人应该赔偿侵权行为造成的经济损失；公民提出精神损害赔偿要求的，人民法院可以根据侵权人的过错程度和侵权行为的具体情节、损害后果等情况酌定。

就本案例来讲，法院审理后认为，未成年人教育和保护应尊重未成年人人格尊严，适应未成年人身心发展规律和特点，任何组织和个人不得侵犯未成年人合法权益。青少年成长辅导中心对周某的体罚和虐待，尽管发生在范围较小的封闭环境里，但通过电视节目播出后，使体罚、虐待行为产生了"当众"的后果，转化成侮辱，严重侵犯了周某的人格尊严，明显降低了周某的社会评价，对其学习、生活产生了长期不良影响，损害了其名誉。青少年成长辅导中心、长沙某电视台配合录制和报道这些内容，主观上均有过错，共同造成损害结果，应认定为共同侵权。

"海灯法师"案和"荷花女"案

天津市《今晚报》刊载的连载小说《荷花女》是我国第一起因侵犯死者名誉权而引起纠纷的案例,确认了死者在我国享有名誉权。范应莲诉敬永祥等侵害海灯法师名誉权一案,确立了死者名誉权受到损害的,其近亲属有权向人民法院起诉。

"海灯法师"案:1989年8月5日,海灯法师弟子范应莲作为原告向成都市中级人民法院起诉敬永祥、《新闻图片报》和《星期天》,称被告无中生有,歪曲事实,采取在报刊上公开发表文章诽谤海灯法师和本人的人格,故意侵害名誉,请求法院判令被告立即停止侵害,消除影响,恢复名誉,公开在报刊上赔礼道歉;判令被告赔偿因其行为对原告造成的损失。

"荷花女"案:1940年,吉文贞以"荷花女"之艺名参加天津"庆云"戏院成立的"兄弟剧团"演出,从此便以"荷花女"的艺名在天津红极一时,1944年病故,年仅十九岁。小说《荷花女》的作者在翻阅新中国成立前天津地区的旧报刊收集资料时,看到了有关荷花女的一些报道,以其为主人公创作了小说。该小说使用了吉文贞的真实姓名和艺名,虚构了吉文贞先后被当时天津帮会头目、大恶霸袁文会和刘广奸污而忍气吞声、不予抗争等情节。小说连载过程中,原告以小说插图及虚构的情节有损吉文贞的名誉为理由,先后两次到《今晚报》社要求停载。要求停载未果后,于1987年6月向法院起诉,认为小说作者在创作小说《荷花女》中,故意歪曲并捏造事实,侵害了已故艺人荷花女的名誉权。

这些法律和我相关 >>>

■《中华人民共和国宪法》

第三十八条：中华人民共和国公民的人格尊严不受侵犯。禁止用任何方法对公民进行侮辱、诽谤和诬告陷害。

■《中华人民共和国未成年人保护法》

第三十九条：任何组织或者个人不得披露未成年人的个人隐私。

……

■《中华人民共和国民法通则》

第一百二十条：公民的姓名权、肖像权、名誉权、荣誉权受到侵害的，有权要求停止侵害，恢复名誉，消除影响，赔礼道歉，并可以要求赔偿损失。

■《最高人民法院关于确定民事侵权精神损害赔偿责任若干问题的解释》

……

第一条：自然人因下列人格权利遭受非法侵害，向人民法院起诉请求赔偿精神损害的，人民法院应当依法予以受理：

（一）生命权、健康权、身体权；

（二）姓名权、肖像权、名誉权、荣誉权；

（三）人格尊严权、人身自由权。

违反社会公共利益、社会公德侵害他人隐私或者其他人格利益，受害人以侵权为由向人民法院起诉请求赔偿精神损害的，人民法院应当依法予以受理。

9. 认识荣誉权：我的荣誉不得非法剥夺

我是小学生，经过自己的努力取得了一些荣誉称号。这些美丽的光环，让我骄傲，使我自豪，也是我继续前进的动力。然而，当我的荣誉权被侵害时，我能否拿起法律的武器捍卫自己的荣誉？

小学生苗苗在全国绘画大赛上获得了一等奖，某美术出版社计划结集出版部分获奖作品，绘画大赛的组织方提供了她的作品。后来，苗苗在该出版社出版的《儿童绘画作品选》上看到了自己的作品，上面既没有注明自己的名字，也没有注明获奖的等级。于是，苗苗的父亲向法院提起诉讼。法院审理后认为，国家依法保护未成年人的智力成果和荣誉权不受侵犯。我国著作权法规定，创作作品的公民就是该作品的作者，苗苗虽然是小学生，但她对自己的绘画作品同样享有著作权，并享有因获奖而带来的荣誉。该美术出版社和绘画大赛的组织方侵犯了苗苗的著作权和荣誉权，应当在出版的作品上注明作者姓名和获奖种类，并向苗苗支付稿酬并给付样书。

法律告诉你 >>>

荣誉权，是指公民、法人所享有的，因自己的突出贡献或特殊劳动成果而获得的光荣称号或其他荣誉的权利。根据《中华人民共和国民法通则》的规定，公民从出生起就享有民事权利能力，依法享有民事权利，承担民事义务。发明权、著作权、荣誉权都属于民事权利的范畴，上述权利是法律赋予的，不受年龄的限制。苗苗凭借自己的绘画技能和艺术天赋创作的美术作品，当然享有署名权、著作权、发表权。而随之而来的各种荣耀，是她创作的必然结果，因此，荣誉也只能由她拥有。

荣誉权是与权利主体的人身不可分离的一项人身权，因民事主体的特定身份而产生，属于人身权中的身份权，该权利既不能转让，也不能继承，更不能被非法剥夺。我国《民法通则》规定，公民、法人享有荣誉权，禁止非法剥夺公民、法人的荣誉称号。但现实生活中却有这样的事例：一些学校将本来属于其他同学的荣誉称号予以非法剥夺，然后转授给"人情学生"，其目的是让这些"人情学生"在升学时获得诸如"加分""优先录取"等待遇；还有的学校老师基于私人怨恨情绪，粗暴剥夺一些同学既有的荣誉称号。所有这些做法都是侵犯未成年人荣誉权的行为。

我国《未成年人保护法》明确规定，国家依法保护未成年人的智力成果和荣誉权不受侵犯。由于未成年人没有相应的民事行为能力，当其上述相应权利遭受侵害时，可以由其父母或者其他监护人代为行使请求法律保护的权利。依照民法通则的规定，权利人有权要求侵权人停止侵害、恢复名誉、消除影响、赔礼道歉，并可以要求赔偿损失。

 多长点知识 >>>

荣誉答案

普希金是一位伟大的诗人,但他的数学学得一点儿也不好,当他还是一名小学生时,他发现老师给同学们讲解"四则运算"的例题时,最终的结果总是零。

从那以后,无论他解答哪一道数学试题,他甚至连试题看都不看一眼,就在等号后面写上"0"。他的数学老师对这个毫无希望的孩子没有丝毫的办法。

"去写你的诗吧,"老师对小普希金说,"对你来说,数学就只意味着是个零。"

普希金成名以后,一次他坐着四轮马车去奎夫城。在路上四轮马车翻了,普希金跳出来走进了路旁的一家小旅店。当旅店的老板知道这就是伟大的诗人普希金时,兴奋异常,便赶忙跑到地窖里,取了一瓶最好的酒款待这位受人尊敬的客人。老板娘取出了一本很大的旅客登记簿,要求普希金在上面签名。

当普希金在登记簿上写下了自己的名字以后,看到老板的小儿子正恭敬地用双手捧着一本练习本站在他的面前,这名小男孩也希望诗人给他签名。恰巧练习本的那页上有一道四则运算试题,普希金以为小男孩是要求自己给他解答这道题目。于是,他像过去一样,用笔在算式的等号后面写上了"0"。并对小男孩说:"小家伙,试试你的运气如何?"

第二天,这位伟大诗人写的答案被打了一个鲜红的"×"。小男孩简直不能相信他的老师。"它怎么会错呢?"他眼中噙着泪说,"它是由普希金本人做出来的!"

这件事被名誉校长谢连科夫将军——一位又老又瞎的贵族知道了。"好啦,"这位老人说,"我根本就不懂教育,但被邀请做你们的荣誉校长。普希金也不懂数学，所以就让这个零作为这道题的荣誉答案吧。"

这些法律和我相关 >>>

■《中华人民共和国民法通则》

第一百零二条：公民、法人享有荣誉权，禁止非法剥夺公民、法人的荣誉称号。

■《中华人民共和国未成年人保护法》

第四十六条：国家依法保护未成年人的智力成果和荣誉权不受侵犯。

■《中华人民共和国民法通则》

第一百二十条：公民的姓名权、肖像权、名誉权、荣誉权受到侵害的，有权要求停止侵害，恢复名誉，消除影响，赔礼道歉，并可以要求赔偿损失。

10. 认识肖像权：我反对肖像被商业化

我想知道 >>>

哲人说过，世界上没有两片完全相同的树叶。一样的道理，世界上只有一个唯一的我。当这个"我"被别人恶意地商业化利用的时候，现实中的我应该怎样保护这个被侵权的"我"？

身边案例 >>>

汪某某是青岛市某艺校学生，在中国文联举办的"中国艺术新星大赛"中获得过金奖，曾为烟台某服饰公司拍过广告宣传册。偶然一天，一位朋友告诉汪某某，他的肖像被挂在莱山区附近威海某服饰公司连锁店门口。随后，汪某某的父亲又在海天名人广场附近、开发区德胜商城等地的该品牌服饰专卖店看到汪某某的广告照片。后来在该品牌服饰的网站上又发现大量使用汪某某肖像的广告图片。

在取得充分证据后，汪某某向莱山区法院提起诉讼，认为该品牌服饰没有征得本人及其父母的同意，也没有向其支付任何报酬，使用汪某某的肖像用作商业广告的行为侵犯了汪某某的肖像权，要求该品牌服饰立即停止使用汪某某本人肖像，并赔偿损失。

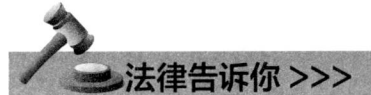
法律告诉你 >>>

肖像权是指自然人对以各种形式反映自己容貌特征的个人形象享有的专有权。其内容包括：自然人拥有自己的肖像，并有权通过对肖像的利用取得精神上、财产上的利益。

肖像权的内容包括：肖像制作专有权、肖像使用专有权、肖像利益维护权。肖像制作专有权内容包括：一是肖像权人可以根据自己的需要或他人、社会的需要，自己有权决定自我制作肖像或由他人制作自己的肖像，他人均不得干涉；二是肖像权人有权禁止他人未经自己的同意或授权，擅自制作自己的肖像。非法制作他人的肖像，构成侵权行为。

肖像使用专有权的基本内容是：一是自然人有权以任何方式使用自己的肖像，并通过使用取得精神上的满足和财产上的收益，他人不得干涉（但不得违反法律和公序良俗）；二是自然人有权允许他人使用自己的肖像，并决定从中获得报酬（这需要与使用人平等协商，签订肖像使用合同）；三是自然人有权禁止他人非法使用自己的肖像。

肖像利益维护权主要体现在：一是公民有权禁止他人未经允许制作自己的肖像；二是公民有权禁止他人未经允许使用自己的肖像；三是公民有权禁止他人对自己的肖像进行毁损、玷污、丑化和歪曲。

我国的侵害肖像权的责任方式主要是民事责任方式，包括停止侵害、消除影响、赔礼道歉、赔偿损失。其中停止侵害、消除影响、赔礼道歉为非财产性责任方式，赔偿损失为财产责任方式。在我国的司法实践中，侵权责任的确定一般是：一是以"营利为目的"的，是以营利目的作为赔偿的标准。即无论是否"情节严重"，也无论是否赢利，只要非法使用的目的是赢利，且肖像权人要求赔偿的，侵权人就必须承担赔偿责任。二是对于非以营利为目的侵害肖像权的行为，是以"情节严重"为标准，情节轻微，不造成严重后果的，一般不判定物质方面的赔偿。

使用未成年人的肖像，未成年人有权取得适当的报酬，还需经未成年人监护人的书面同意。未经未成年人监护人的书面同意,任何人不得以营利为目的使用未成年人的肖像。未成年人及其监护人有权禁止他人非法毁损、侮辱、玷污未成年人的肖像。

肖像权是自然人的重要人格权,任何人不得非法侵犯。一旦发现被侵权,应当及时请律师帮助收集证据,在协商不成的情况下,通过起诉维护自己的合法权益。

多长点知识 >>>

全国首例未成年人肖像权案

电视连续剧《渴望》曾轰动京城,牵动了千家万户。人们也许还记得剧中那个闪着一双大眼睛、让人怜爱的小芳(童年时),那个小姑娘就是小演员张宇菲扮演的,当时她只有三岁半。别看她年纪小,却已经参加过多部影视片的演出。3岁时,张宇菲就被《李大钊》剧组选中,和李雪健配戏,扮演李大钊的小女儿;4岁时,参加琼瑶电视剧《望夫崖》的拍摄,扮演小楚天兰。

1994年10月,《北京晚报》报道了全国首例未成年人肖像权案,当事人就是《渴望》中扮演小芳的姑娘张宇菲。

事情还得追溯到1990年的夏天。中国《桥》杂志社的摄影编辑李少白为拍摄儿童照片,通过北京出版社的朱云请彭新向张宇菲的父母转达其希望请张宇菲做模特拍摄儿童摄影作品的愿望。张宇菲的父母考虑后表示同意。几天后,张宇菲由母亲陪伴到北京紫竹院公园与李少白见面,李少白分别用135相机和120相机为张宇菲拍照。以后李少白送张宇菲一部分照片。当年秋天,李少白第二次为张宇菲拍照。

1991年底,张宇菲的母亲惊奇地发现,辽宁美术出版社出版的1992年挂历使用了李少白拍摄(第一次拍摄)的张宇菲肖像。1992年11月,张宇菲的母亲再次发现中国民族摄影艺术出版社发行的1993年挂历《小天使》中,有一幅李少白拍摄的张宇菲肖像（也为第一次拍摄）。当时挂历正火，有报道说挂历最高被卖到30块钱一本。把女儿的照片用于售价不菲的挂历，谋取巨大的商业利益，张宇菲的监护人显然不能漠然视之。于是，张宇菲的母亲就张宇菲的肖像权问题与李少白发生了纠纷。1993年3月，其一纸诉状递到北京市崇文区人民法院。这一状，告出了全国首例未成年人肖像权案。

这些法律和我相关 >>>

■《中华人民共和国民法通则》

第一百条：公民享有肖像权，未经本人同意，不得以营利为目的使用公民的肖像。

第一百二十条：公民的姓名权、肖像权、名誉权、荣誉权受到侵害的，有权要求停止侵害，恢复名誉，消除影响，赔礼道歉，并可以要求赔偿损失。

■《最高人民法院关于贯彻执行〈民法通则〉若干问题的意见》

第一百三十九条：以营利为目的，未经公民同意利用其肖像做广告、商标、装饰橱窗等，应当认定为侵犯公民肖像权的行为。

第一百四十一条：盗用、假冒他人姓名、名称造成损害的，应当认定为侵犯姓名权、名称权的行为。

■《中华人民共和国未成年人保护法》

第五十八条：对未成年人犯罪案件，新闻报道、影视节目、公开出版物、网络等不得披露该未成年人的姓名、住所、照片、图像以及可能推断出该未成年人的资料。

11. 认识财产所有权：我的压岁钱谁做主

春节是中华民族的传统节日，对于未成年的我来说，这一天我还能收到来自爷爷奶奶、叔叔阿姨等长辈们送给我的"压岁钱"，这可是我最大的财产来源啊！这些"压岁钱"都是爸爸妈妈替我保存着，我能够做主使用这些"压岁钱"吗？

李女士的女儿上小学四年级，已对钱显示出明显的占有欲。"今年春节收到的压岁钱都不愿交给我们，但还是会被我们收起来。具体数额也没有统计，大约有6000元左右。我女儿认为收到的这些压岁钱都是她自己的，家长不能随便用，包括平时购买书本文具也不能花。"李女士表示，在把孩子的压岁钱收走后，跟孩子说这些钱都会存起来，"但实际上后面都是家里花销了"。

陈先生的儿子今年上高一，"孩子的压岁钱都给孩子存在一个专门的账户上，从初中到现在，孩子报校内兴趣班、校外兴趣班的时候，会从中支取一部分，并且会明确告诉孩子。孩子自己有同学过生日、自己过生日，也都会自己支配。我们不反对孩子自己管理自己的压岁钱，但是不能完全放开。"

郭先生说，自己从孩子 10 岁开始把孩子的压岁钱全部存到一个专有账户上，"但我们没告诉她密码。呵呵……她现在已 12 岁了。等到她上大学的时候，回头看这就会是一笔财富了，我们这样做也会让孩子养成一个良好的节约和理财的意识。"

还有些家长认为，压岁钱是自己给别人发孩子压岁钱换回来的，因此花了孩子的压岁钱也没什么不对。也有些家长表示，压岁钱可以当作孩子的学费支出。

家长们的观点正确吗？专家说，孩子的教育支出是监护人理应承担的费用，不能把压岁钱用做孩子教育支出。但孩子在使用压岁钱时，监护人可以建议如何合理使用或者保存。

法律告诉你 >>>

财产所有权是指所有人依法对自己的财产享有占有、使用、收益和处分的权利，包括占有权、使用权、收益权和处分权四项权能。

未成年人不是完全民事行为能力人，而属于无民事行为能力人或限制民事行为能力人，不能独立进行民事活动，只能进行与他的年龄、智力相适应的民事活动。不具备完全民事行为能力并不妨碍未成年人拥有财产。国家保障未成年人的人身、财产和其他合法权益不受侵犯。国家保护未成年人合法收入、储蓄、房屋和其他合法财产的所有权。禁止任何组织或个人侵占、哄抢、破坏或者非法查封、扣押、冻结、没收。

未成年人财产的来源，主要有以下两种途径：赠予、继承。未成年人获得财产属于纯获利益的行为。无民事行为能力人、限制民事行为能力人接受奖励、赠予、报酬，他人不得以行为人无民事行为能力、限制民事行为能力为由，主张以上行为无效。按照我国《民法通则》和《物权法》的有关规定，孩子在春节期间收到长辈们发的压岁钱，属于一种赠予行为，从权属上讲应该归孩子自己所有，父母虽然是监护人，但也不能将孩子的压岁钱擅自处置，否则也构成侵权。

由于未成年人尚不具备管理财产的能力，其财产一般由其监护人代为管理。监护人是指对无行为能力或限制行为能力的人的人身、财产和其他一切合法权益负有监督和保护责任的人。未成年人的父母是未成年人的监护人，未成年人的父母已经死亡或者没有监护能力的，则由其他有监护能力的亲友担任。不管谁担任监护人，都应当履行监护职责，保护被监护人的人身、财产及其他合法权益，除为被监护人的利益外，不得处理被监护人的财产。

未成年人处分财产的法律后果，要看性质定效力。不满十周岁的未成年人是无民事行为能力人，由他的法定代理人代理民事活动；十周岁以上的未成年人是限制民事行为能力人，可以进行与他的年龄、智力相适应的民事活动；其他民事活动由他的法定代理人代理，或者征得他的法定代理人的同意。未成年人处分财产的行为是否有效？是否与他的年龄、智力相适应？可以从行为与本人生活相关联的程度、本人的智力能否理解其行为，并预见相应的行为后果，以及行为标的数额等方面认定是否有效。因此，压岁钱尽管属于未成年人所有的财产，但在使用、处置的行为中，还要根据自身行为能力的状态获得监护人的代理或者追认，方为有效。

多长点知识 >>>

我国古代的"检校"制度

自古以来，我国一直就比较重视对未成年人的财产进行监护。"检校"制度就是我国古代宋、元时期一项对孤儿财产的管理制度。

《宋会要》记载："元丰令，孤幼财产，官为检校，使亲戚抚养之，季给所需。赀蓄不满五百万者，召人户供质当举钱，岁取钱二分为抚养费。""检校"一词，为"查核、点校"之意，古称官名，至宋则发展成为保护遗孤财产的一项财产法律制度。而所谓"孤幼检校"，是指两宋时代，政府对于父母亡故的孤儿的财产代为管理，并为其指定监护人，平常给付其基本的抚养费用，待其成年后全部予以返还，从而保护孤幼的财产继承权而设立的一项财产法律制度。

在对被监护人为未成年人的财产管理方面，世界各国法律都要求监护人应尽"善良管理人"的义务，并对管理失当造成的损失负赔偿责任。在监护人对被监护人的财产处分权问题上，各国法律一般都规定，非为被监护人的利益并未经批准，监护人不得对被监护人的财产进行处分。

这些法律和我相关 >>>

■《中华人民共和国宪法》

第十三条：公民的合法的私有财产不受侵犯。

国家依照法律规定保护公民的私有财产权和继承权。

……

■《中华人民共和国民法通则》

第十八条：监护人应当履行监护职责，保护被监护人的人身、财产及其他合法权益，除为被监护人的利益外，不得处理被监护人的财产。

监护人依法履行监护的权利，受法律保护。

监护人不履行监护职责或者侵害被监护人的合法权益的，应当承担责任；给被监护人造成财产损失的，应当赔偿损失。人民法院可以根据有关人员或者有关单位的申请，撤销监护人的资格。

■《最高人民法院关于贯彻执行〈中华人民共和国民法通则〉若干问题的意见（试行）》

6. 无民事行为能力人、限制民事行为能力人接受奖励、赠与、报酬，他人不得以行为人无民事行为能力、限制民事行为能力为由，主张以上行为无效。

129. 赠与人明确表示将赠与物赠给未成年人个人的，应当认定该赠与物为未成年人的个人财产。

12. 认识智力成果权：小小的我一样可以做出大成果

奇异的世界带给我无穷的想象，我的思想就像放飞的风筝，独特的感受、自我的视角，小小的我竟然成就了大成果。可是，小小的我能否像大人一样拥有这些智力成果呢？

九岁的彤彤常常自言自语，搞文学创作的爸爸细心地将女儿的话记录下来，竟然是一首首小诗，爸爸将彤彤的诗词在校刊上发表，好几首儿童诗还得过奖。

一天，爸爸在书店发现一本儿童获奖诗词选，其中收录了女儿四篇获奖作品。爸爸于是找到出版社，索要稿酬和样书。出版社却答复："我们出这样的书根本就不赚钱，只是为鼓励儿童写诗创作。你女儿才九岁，要什么稿酬！"

彤彤的爸爸查阅了相关的法律规定后认为，我国《民法通则》《著作权法》均规定了公民享有著作权，创造作品的公民就是该作品的作者，著作权属于作者。依据我国《著作权法》规定，著作权包括发表权、署名权、修改权、保护作品完整权及使用权和获得报酬权。彤彤作为诗词的作者，享有著作权，这是公民的权利。公民行使权利不受性别、民族、年龄的限制，因此出版社未经作者及其法定代理人的许可，擅自选用作者彤彤的作品，应当承担相应的法律责任，并支付稿酬。

有了这些法律的支持，彤彤的爸爸毫不犹豫地拿起了法律的武器，把侵权的出版社告上了法庭。

智力成果是指人们通过智力劳动创造的精神财富或精神产品。智力成果权是由智力劳动者对其成果依法享有的一种权利，即知识产权，是指公民、法人对自己创造的智力活动成果依法享有的人身权利和财产权利，诸如著作权、专利权、商标权、发现权、发明权和其他科技成果权利的总称。我国《民法通则》专门对公民的知识产权作了具体规定。

我国《未成年人保护法》规定，国家依法保护未成年人的智力成果和荣誉权不受侵犯。本案例中，出版社侵犯了作者彤彤的著作权。著作权属于智力成果权的一种，国家依法保护未成年人的著作权不受侵犯。

著作权是指作者对自己创作的文学、艺术等作品依法享有的占有、使用、处分和收益的权利。著作权是由人身权和财产权两个部分构成的，其中人身权包括发表权、署名权、修改权和保护作品完整权；财产权包括使用权和获得报酬权。我国《著作权法》规定，创作作品的公民是作者。中国公民、法人或者非法人单位的作品，不论是否发表，依照本法享有著作权。本案例中，彤彤显然是其作品的作者，享有著作权，这是公民的权利。

根据我国《民法通则》的规定，公民的民事权利一律平等。公民从出生时起到死亡时止，具有民事权利能力，依法享有民事权利，承担民事义务。公民行使权利不受性别、民族、年龄的限制，无论是未成年人还是成年人，对自己创作的作品，平等地享有民事权利能力。

十周岁以上的未成年人是限制民事行为能力人,可以进行与他的年龄、智力相适应的民事活动,其他民事活动由他的法定代理人代理,或者征得他的法定代理人的同意。不满十周岁的未成年人是无民事行为能力人,由他的法定代理人代理民事活动。由于彤彤为无民事行为能力人,她的民事权利由其监护人代为行使。因此出版社未经作者及其法定代理人的许可,擅自选用作者的作品,应当承担相应的法律责任,并支付作者稿酬。

多长点知识 >>>

祖冲之与圆周率

祖冲之(公元429～500年),字文远,范阳遒县(今河北省涞水县北)人,生活于南朝的宋、齐之间,是我国古代杰出的数学家、天文学家和机械发明家。

南朝时期,经济繁荣,文化发达,对科学技术研究和发展非常重视。祖氏家族世代掌管历法,祖冲之从小受到很好的家庭教育,对于自然科学、文学和哲学都有浓厚的兴趣,尤其酷爱数学、天文学、机械制造。祖冲之一面研究继承家学,一面学习我国古代及外国传入的科学成就,博览群书,兼学百家,为后来的科研工作奠定了深厚的基础。

祖冲之最突出的成就是对圆周率的精确推算。祖冲之从小学习就非常刻苦,他"专攻数术,搜炼古今",把从古代到6世纪所保存的观测记录和有关文献,几乎全部搜集来作为参考。他对圆周率的研究起步得很早,后来达到了如醉如痴的地步。有一天,夜已经很深了,他翻来覆去睡不着,突然想起《周髀算经》上说,圆周的长是直径的3倍,这个说法对吗?天还没亮,他就把妈妈叫醒,要了一根绳子,跑到大路上,等候着马车。终于来了一辆马车,祖冲之喜出望外,便上前要求测量马车的轮子,经过再三测量,他总觉得圆周长大于直径的3倍,究竟大多少?这个问题一直盘旋在他的脑子里,直到40多岁,才解开了这个谜。祖冲之与他儿子祖恒合著的《缀术》,详细记载了他对圆周率的研究成果。

这些法律和我相关 >>>

■《中华人民共和国未成年人保护法》

第四十六条：国家依法保护未成年人的智力成果和荣誉权不受侵犯。

■《中华人民共和国著作权法》

第二条：中国公民、法人或者其他组织的作品，不论是否发表，依照本法享有著作权。

……

■《中华人民共和国民法通则》

第九十四条：公民、法人享有著作权（版权），依法有署名、发表、出版、获得报酬等权利。

02

第 二 编
法眼识家庭

家庭是人生的第一课堂。

13. 认识结婚：他们为什么是爸爸妈妈

我幸福地降生到这个五彩斑斓的世界，睁开双眼看到的第一个男人和第一个女人：他们就是我的爸爸妈妈。我咿呀学语，最早喊出的是：妈妈、爸爸。为什么他们是我的爸爸妈妈？

家住浙江省台州市的潘某与朱某均生于 1963 年，因潘某的父亲与朱某的母亲是亲兄妹，当时为了亲上加亲，两人从小就订了娃娃亲，并按照当地习俗举办了婚礼。

两人膝下虽育有一子，但至今未领取结婚证。婚后由于双方没有共同语言，加上朱某性格固执，脾气暴躁，经常无故对潘某实施家庭暴力，使得潘某不堪重负。无休止的争吵，加之家庭暴力的施压，2014 年 12 月，煎熬了 30 年的潘某再也无法忍受这样的婚姻，便选择通过诉讼来了断。

庭审中，承办法官无意间发现了潘某与朱某的亲表兄妹关系。后经仔细询问，双方也都对此予以承认。法官审理后认为，潘某与朱某是事实婚姻关系，且两人系亲表兄妹，属于三代以内的旁系血亲，为婚姻法禁止结婚的情形之一，因此其婚姻关系不受法律的保护，据此法院判决宣告两人婚姻无效。

根据法律规定，婚姻一经法院宣告无效，则婚姻关系自始无效，双方在所谓的"婚姻存续期间"的关系，实则为同居关系，但二人共同生活期间形成的共有财产依法受法律保护。

法律告诉你 >>>

结婚，法律上称为婚姻成立。是指男女或者伴侣双方依照法律规定的条件和程序确立夫妻关系的民事法律行为，并承担由此而产生的权利、义务及其他责任。现今世界很多国家已经通过立法，明确了结婚的对象可以是异性，也可以是同性，包括美国、德国、荷兰等。在中国，结婚从法律上讲单指异性男女之间的结合。

婚姻关系的成立有三个基本的法律特征：一是结婚的主体是男女两性。不是由男女两性生理差别的结合，则不构成结婚。我国的法律禁止同性别的人结婚。二是结婚行为是法律行为。申请结婚的双方当事人必须遵守法律的规定，履行法律规定的结婚登记程序，否则就是不受法律保护的无效婚姻，不具有合法婚姻的效力。三是结婚行为的法律后果是确立双方的夫妻关系，并承担由此而产生的责任、权利、义务。这种已确立的夫妻关系，未经法律程序，任何单位、个人或夫妻双方都无权解除。

结婚必须男女双方完全自愿，不许任何一方对他方加以强迫或任何第三者加以干涉。根据我国《婚姻法》的规定，结婚年龄，男不得早于二十二周岁，女不得早于二十周岁。结婚的男女双方必须亲自到婚姻登记机关进行结婚登记，取得结婚证，即确立夫妻关系。男女双方一经办理结婚登记手续，领取了结婚证，不论是否举行结婚仪式，也不论是否同居，都为合法的夫妻关系。登记结婚后，根据男女双方约定，女方可以成为男方家庭的成员，男方可以成为女方家庭的成员。

男女一方或双方有如下情形结婚的，都属于无效婚姻：（一）重婚的；（二）有禁止结婚的亲属关系的；（三）婚前患有医学上认为不应当结婚的疾病,婚后尚未治愈的;(四)未到法定婚龄的。本案中的当事人是直系血亲和三代以内的旁系血亲,属于禁止结婚的情形。亲属关系是当事人之间因血缘而产生的特定身份关系,不会随着时间的推移而消失,不存在阻却事由,只要亲属关系符合法律禁止结婚的情形,就属于绝对无效婚姻,法院应当宣告无效,且宣告后立即生效,不能上诉。

多长点知识 >>>

那个一百年的约定

爱尔兰的法律规定,男女结婚后即不许离婚。男女结婚时需在教堂里互相承诺:"只有死亡让我们分开。"因此无论何种原因离婚(即使配偶去世也不例外),都视为违背誓言而不被允许。

除了爱尔兰,菲律宾、马耳他、巴拉圭、安道尔和圣马力诺等5个国家的法律也不准离婚。

与其他禁止离婚的国家不同,爱尔兰人以高度的智慧,创造了一种兼顾传统和自由的婚姻制度。男女双方在结婚时,可以协商婚姻关系的期限,从1年到100年不等。期限届满后,若有继续生活的意愿,可以办理延期登记手续,否则婚姻关系自动解除。政府鼓励长久婚姻,办理结婚登记的费用,也因婚期的长短而不同,如果婚期为1年,需要2000英镑,如果婚期为100年,则仅仅只需要0.5英镑。最高收费是最低收费的整整4000倍。

在爱尔兰,还有一件耐人寻味的事情。婚期不同,结婚证书也是不一样的。婚期为1年的新人,得到的是厚如百科全书般的两大本结婚证书。里面逐条逐项列举了男女双方的各项权利和义务,可谓一部完善的家庭相处条例;而婚期为100年的新人,得到的结婚证书只是一张纸条,上面写着首席法官的祝福:"尊敬的先生、太太:我不知道我的左手对右手、右腿对左腿、左眼对右眼、右脑对左脑,究竟应该承担起怎样的责任和义务?其实它们本来就是一个整体,只因为彼此的存在而存在,因为彼此的快乐而快乐。"

这就是爱尔兰：那个一百年的约定。

这些法律和我相关 >>>

■《中华人民共和国婚姻法》

第五条：结婚必须男女双方完全自愿，不许任何一方对他方加以强迫或任何第三者加以干涉。

第二十二条：子女可以随父姓，可以随母姓。

第二十五条：非婚生子女享有与婚生子女同等的权利，任何人不得加以危害和歧视。

不直接抚养非婚生子女的生父或生母，应当负担子女的生活费和教育费，直至子女能独立生活为止。

■《最高人民法院关于适用〈中华人民共和国婚姻法〉若干问题的解释（二）》

第三条：人民法院受理离婚案件后，经审查确属无效婚姻的，应当将婚姻无效的情形告知当事人，并依法作出宣告婚姻无效的判决。

14. 认识离婚：父母离异我的权益谁保护

吵吵吵！闹闹闹！爸爸妈妈最终分道扬镳，无论是跟着爸爸还是跟着妈妈共同生活，伴随我的只能是残缺的爱。他们分手后，我还是原来的我吗？

原告陈某（夫）与被告许某（妻）经法院调解离婚，双方所生之子陈小奇随被告共同生活。后许某再婚，被告独自将陈小奇的名字更改为"张杰"。陈某得知后，以被告侵犯其对孩子的命名权为由，请求法院责令被告恢复孩子的原姓名。案件审理中，原、被告均请求法院征求孩子意见。孩子在法院询问时表示，"张杰"是他愿意用的名字。原告认为被告左右了孩子的真实意愿，请求法院依法判决。

法院审理后认为，父母离异后，仍然是其子女的法定监护人。关于姓名权问题，根据我国婚姻法的规定，子女可以随父姓，可以随母姓。一般而言，子女出生后，其姓名是经父母双方协商一致后确定的，因此孩子姓名的变更，同样应由双方协商一致。父母离异后，任何一方都不得擅自更改子女的姓名。当然，作为子女，对自己姓名的命名享有自主权，但如欲更改父母已确定的姓名，应当在成年以后。未成年人尚不具有完全民事行为能力，对其姓名的命名，应当尊重父母双方的共同意见。特别是父母离异后，为了使未成年人顺利健康地成长，父或母以及孩子，任何一方不得擅自更改未成年人的姓名。被告未征得原告同意，擅自变更孩子的姓名，其行为是错误的，对孩子的成长极为不利，因此原告要求恢复孩子原姓名的诉讼请求，法院予以支持。法院依法判令被告许某于判决生效后十日内，将原、被告所生之子的姓名由"张杰"恢复为"陈小奇"。

法律告诉你 >>>

离婚是指夫妻双方通过协议或诉讼的方式解除婚姻关系，终止夫妻间权利和义务的法律行为。离婚的途径主要有协议离婚和诉讼离婚。按照我国《婚姻法》的规定，如感情确已破裂，调解无效，应准予离婚。夫妻"感情确已破裂"是判决离婚的法定条件。

协议离婚，是指夫妻双方依据法律规定合意解除婚姻关系的法律行为。根据我国《婚姻法》的规定，男女双方自愿离婚的，双方必须到婚姻登记机关申请离婚登记。婚姻登记机关经过形式审查和实质审查，确认双方自愿并对子女和财产问题已经有适当处理的，应当办理离婚登记并发给离婚证。但是，仅有一方当事人请求登记离婚；或者双方当事人请求离婚，但对子女抚养、夫妻一方生活困难的经济帮助、财产分割、债务清偿未达成协议的；如果双方或一方当事人为限制民事行为能力人或无民事行为能力人；或者双方当事人未办理过结婚登记的。存在这四种情形的，婚姻登记机关不予受理离婚登记申请。

为充分保护当事人的合法权益，当事人有权就"因履行离婚协议中财产分割协议发生纠纷提起诉讼"。男女双方当事人协议离婚后一年内就财产分割问题反悔，诉至法院请求变更或者撤销财产分割协议的，人民法院同样也应当受理。人民法院审理后，未发现订立财产分割协议时存在欺诈、胁迫等情形的，应当依法驳回当事人的诉讼请求。

诉讼离婚是指夫妻双方对离婚、离婚后子女抚养或财产分割等问题不能达成协议，由一方向人民法院起诉，人民法院依诉讼程序审理后，调解或判决解除婚姻关系的法律制度。

协议离婚仅适用于双方自愿离婚并就子女和财产问题已有适当处理的情形，诉讼离婚适用于一切离婚关系。如果双方要解除的是事实婚姻，则仅能通过诉讼的方式进行，不能通过协议进行离婚。我国《婚姻法》规定，男女一方要求离婚的，可由有关部门进行调解或直接向人民法院提出离婚诉讼。人民法院审理离婚案件，应当进行调解；如感情确已破裂，调解无效，应准予离婚。有下列情形之一，调解无效的，应准予离婚：重婚或有配偶者与他人同居的；实施家庭暴力或虐待、遗弃家庭成员的；有赌博、吸毒等恶习屡教不改的；因感情不和分居满二年的；其他导致夫妻感情破裂的情形。一方被宣告失踪，另一方提出离婚诉讼的，应准予离婚。

女方在怀孕期间、分娩后一年内或中止妊娠后六个月内，男方不得提出离婚。女方提出离婚的，或人民法院认为确有必要受理男方离婚请求的除外。离婚后，男女双方自愿恢复夫妻关系的，必须到婚姻登记机关进行复婚登记。父母与子女间的关系，不因父母离婚而消除。离婚后，子女无论由父或母直接抚养，仍是父母双方的子女。离婚后，父母对于子女仍有抚养和教育的权利和义务。离婚后，哺乳期内的子女，以随哺乳的母亲抚养为原则。哺乳期后的子女，如双方因抚养问题发生争执不能达成协议时，由人民法院根据子女的权益和双方的具体情况判决。离婚后，一方抚养的子女，另一方应负担必要的生活费和教育费的一部或全部，负担费用的多少和期限的长短，由双方协议；协议不成时，由人民法院判决。关于子女生活费和教育费的协议或判决，不妨碍子女在必要时向父母任何一方提出超过协议或判决原定数额的合理要求。离婚后，不直接抚养子女的父或母，有探望子女的权利，另一方有协助的义务。行使探望权利的方式、时间由当事人协议；协议不成时，由人民法院判决。父或母探望子女，不利于子女身心健康的，由人民法院依法中止探望的权利；中止的事由消失后，应当恢复探望的权利。

离婚时，夫妻的共同财产由双方协议处理；协议不成时，由人民法院根据财产的具体情况，按照照顾子女和女方权益的原则判决。夫妻书面约定婚姻关系存续期间所得的财产归各自所有，一方因抚育子女、照料老人、协助另一方工作等付出较多义务的，离婚时有权向另一方请求补偿，另一方应当予以补偿。离婚时，原为夫妻共同生活所负的债务，应当共同偿还。共同财产不足清偿的，或财产归各自所有的，由双方协议清偿；协议不成时，由人民法院判决。离婚时，如一方生活困难，另一方应从其住房等个人财产中给予适当帮助。具体办法由双方协议；协议不成时，由人民法院判决。

多长点知识 >>>

这些离婚理由超出你想象

在世界各地，"婚姻"的概念并不相同，"离婚"的含义区别更大，法律允许离婚的理由也大不相同，有些理由甚至是稀奇古怪的。

这是现存的最具超现实主义色彩的离婚理由：太平洋南部岛国萨摩亚允许以配偶忘记自己生日为由提出离婚。毫无疑问，萨摩亚人对于这种小细节十分在意。沙特阿拉伯人在这方面更胜一筹，沙特法律规定，女性有权以丈夫不能每天早晨给自己准备新鲜咖啡为由提出离婚。在澳大利亚，一项原住民法律规定，离婚甚至不需要给出理由，女性只需再次结婚就可以离婚。科威特的法律更怪异，该国过去曾规定，男性以下流的眼光看自己妻子以外的其他女人甚至雌性动物都可能会被投进监狱。

怪异的离婚法律条文最多的国家可能还是美国，该国不同的州有不同的规定，而且许多规定都已年代久远。如在堪萨斯州，丈夫与岳母关系不和可以作为离婚理由。不过，这至少比特拉华州的规定要合理一些。在特拉华州，只要夫妻中的一方提出当初自己同意结婚是个玩笑，就可能最终促成离婚。在南卡罗来纳州，男性如果向女性求婚，但又无意履行自己的诺言，就可能会遭到起诉。虚假的婚姻承诺是一种严重的罪行。科罗拉多州规定，男性在星期天向妻子皱眉属于冒犯行为。在一周中的其他几天里向妻子做这个动作没有任何问题，但在神圣的休息日星期天，这个糟糕的表情可能会最终导致离婚。

 **这些法律和我相关 >>>**

■《中华人民共和国婚姻法》

第二十七条：继父母与继子女间，不得虐待或歧视。

继父或继母和受其抚养教育的继子女间的权利和义务，适用本法对父母子女关系的有关规定。

第三十六条：父母与子女间的关系，不因父母离婚而消除。离婚后，子女无论由父或母直接抚养，仍是父母双方的子女。

离婚后，父母对于子女仍有抚养和教育的权利和义务。

离婚后，哺乳期内的子女，以随哺乳的母亲抚养为原则。哺乳期后的子女，如双方因抚养问题发生争执不能达成协议时，由人民法院根据子女的权益和双方的具体情况判决。

第三十七条：离婚后，一方抚养的子女，另一方应负担必要的生活费和教育费的一部或全部，负担费用的多少和期限的长短，由双方协议；协议不成时，由人民法院判决。

关于子女生活费和教育费的协议或判决，不妨碍子女在必要时向父母任何一方提出超过协议或判决原定数额的合理要求。

■《最高人民法院关于人民法院审理离婚案件处理子女抚养问题的若干具体意见》

5.父母双方对十周岁以上的未成年子女随父或随母生活发生争执的，应考虑该子女的意见。

19.父母不得因子女变更姓氏而拒付子女抚育费。父或母一方擅自将子女姓氏改为继母或继父姓氏而引起纠纷的，应责令恢复原姓氏。

15. 认识抚养：未婚同居又分手，孩子谁来抚养

我还没有独立生活的能力，因为父母离异，无论和谁一起生活，我都是一只孤独的小鸟。他们还有义务把我抚养成人吗？

李某男、王某女于2001年6月同居生活，双方于2002年6月3日生男孩李泽，于2006年8月1日生女孩李颜，双方一直未办理结婚登记手续。2008年2月，双方因生活琐事产生矛盾后一直分居生活。分居之前两个小孩一直随李某男、王某女及其父母共同生活，分居之后两个小孩均由王某女的父母带养。李某男、王某女起诉均要求抚养两个小孩，并自愿独自承担两个小孩的抚养费用。

法院审理认为，李某男、王某女未办理结婚登记手续即同居生活，该同居关系不具有婚姻法律效力，不受法律保护，但同居期间所生子女和婚生子女享有同等的权利，李某男、王某女均有抚养子女的权利和义务。法院判决李某男、王某女同居期间所生男孩李泽由李某男抚养成年，所生女孩李颜由王某女抚养成年。由于两个小孩年龄差距较大，由李某男支付小孩抚养费差

额 10000 元给王某女。小孩成年后随父随母由其自择。

**法律告诉你 >>>**

婚姻双方当事人离婚以后，彼此不再承担同居义务，这就意味着双方当事人只能由一方直接抚养未成年子女，或双方轮流直接抚养未成年子女。在我国，根据婚姻家庭法律的规定及相关司法解释，对未成年子女直接抚养权利义务的确立主要依据有利于子女身心健康、保障子女的合法权益，哺乳期内的子女以随哺乳的母亲抚养为主、哺乳期后的子女以双方协商优先，对十周岁以上的未成年子女随父或随母生活发生争执的适当考虑未成年子女的意见等原则。

在司法实践中，两周岁以下的子女一般随母方生活。但母方患有久治不愈的传染性疾病或其他严重疾病，子女不宜与其共同生活的；有抚养条件不尽抚养义务，而父方要求子女随其生活的；因其他原因，子女确无法随母方生活，或随母方生活将会影响子女健康成长的；以及父母双方协议两周岁以下子女随父方生活，且父方具有相应抚养能力，并对子女健康成长无不利影响的，则由父方直接抚养。

对于两周岁以上未成年的子女，父方和母方均要求随其生活，一方有下列情形之一的，可以优先考虑：已做绝育手术或因其他原因丧失生育能力的；子女随其生活时间较长，改变生活环境对子女健康成长明显不利的；无其他子女，而另一方有其他子女的；子女随其生活，对子女成长有利，而另一方患有久治不愈的传染性疾病或其他严重疾病，或者有其他不利于子女身心健康的情形，不宜与子女共同生活的。

在父母双方抚养未成年子女的条件差别不大，而双方又都要求与未成年子女共同生活的，如果未成年子女已经单独随祖父母或外祖父母共同生活多年，祖父母或外祖父母又要求且有能力帮助子女照顾孙子女或外孙子女的，可作为子女随父或母生活的优先条件予以考虑。对十周岁以上的未成年子女随父或随母生活发生争执时，则应考虑未成年子女的相应意见。

在有利于保护未成年子女利益和利于未成年子女健康成长的前提下，父母双方也可以协议轮流抚养子女。父母双方对抚养独生子女发生争议时，在有利于保护子女利益和利于未成年子女健康成长的前提下，可以考虑不能生育或再婚有困难一方的合理要求。

对于父母双方均不愿抚养未成年子女的，在离婚诉讼期间，人民法院将先行裁定暂由一方抚养。待案件审理后再依有利于保护未成年子女利益及其健康成长的原则确定未成年子女的直接抚养方。

在离婚以后，父母双方可以进行协商变更未成年子女的抚养关系，有下列情形之一，父或母一方也可以单独通过诉讼的方式，要求变更未成年子女抚养关系：（一）与子女共同生活的一方因患严重疾病或因伤残无力继续抚养子女的；（二）与子女共同生活的一方不尽抚养义务或有虐待子女行为，或其与子女共同生活对子女身心健康确有不利影响的；（三）十周岁以上未成年子女，愿随另一方生活，该方又有抚养能力的；（四）有其他正当理由需要变更的。

本案例中，李某男、王某女未办理结婚登记即以夫妻名义同居，双方的结合欠缺结婚的形式要件，不具有婚姻的效力，双方不能产生夫妻关系的法律后果。根据最高人民法院《关于适用〈中华人民共和国婚姻法〉若干问题的解释（二）》的规定，当事人起诉请求解除同居关系的，人民法院不予受理。但当事人请求解除同居关系，人民法院应当受理并依法予以解除。当事人因同居期间财产分割或者子女抚养纠纷提起诉讼的，人民法院应当受理。因此，李某男因同居期间子女抚养纠纷提起诉讼，符合法律规定。

根据我国《婚姻法》规定，非婚生子女享有与婚生子女同等的权利，非婚生子女的生父母，应负担子女必要的生活费和教育费的一部或全部，直至子女能独立生活为止。因此，双方与其非婚生子女李泽、李颜之间仍然具有父母子女的权利义务，均应负抚养教育的义务。

多长点知识 >>>

"孟母三迁"的故事

孟子是我国著名的思想家和教育家。他3岁丧父,由母亲抚养长大。孟母很有教养,非常重视对孟子的教育。"孟母三迁"教子的故事流传至今。

孟家附近有一块墓地,送葬的队伍经常从他家门前走过。孟子经常模仿队伍中吹鼓手和妇女哭啼的样子,还不时到墓地上玩死人下葬的把戏,在地上挖一个坑,把朽木或腐草当作死人埋下去。孟母对儿子这样玩耍很生气,认为不利于他读书,便把家迁到了城里。

到了城里,孟母要儿子熟读《论语》,像孔子那样做人。可是他家地处于闹市中心,打铁声、杀猪声、叫卖声终日不断,听着听着,他就读不下去了,和邻居家的孩子玩起了做买卖的游戏。孟母觉得这个地方确实很难集中心思读书,便再次搬迁到城东的学官对面居住。

学官那里的环境很好,书声琅琅,读书的氛围很浓。孟子很快安下心来读书。有时,他还向学官里张望,观看里面的学生是怎样读书,怎样跟随老师演习周礼的。一天,回到家里,孟子也模仿起来。后来孟母把孟子送进了学官,学习《诗经》《尚书》。

这些法律和我相关 >>>

■《中华人民共和国婚姻法》

第二十五条:非婚生子女享有与婚生子女同等的权利,任何人不得加以危害和歧视。

不直接抚养非婚生子女的生父或生母,应当负担子女的生活费和教育费,直至子女能独立生活为止。

第三十六条:父母与子女间的关系,不因父母离婚而消除。离婚后,子女无论由父或母直接抚养,仍是父母双方的子女。

离婚后,父母对于子女仍有抚养和教育的权利和义务。

离婚后,哺乳期内的子女,以随哺乳的母亲抚养为原则。哺乳期后的子女,如双方因抚养问题发生争执不能达成协议时,由人民法院根据子女的权益和双方的具体情况判决。

第三十七条:离婚后,一方抚养的子女,另一方应负担必要的生活费和教育费的一部或全部,负担费用的多少和期限的长短,由双方协议;协议不成时,由人民法院判决。

关于子女生活费和教育费的协议或判决,不妨碍子女在必要时向父母任何一方提出超过协议或判决原定数额的合理要求。

■《中华人民共和国未成年人保护法》

第五十二条:……

人民法院审理离婚案件,涉及未成年子女抚养问题的,应当听取有表达意愿能力的未成年子女的意见,根据保障子女权益的原则和双方具体情况依法处理。

16. 认识收养：他们是命运之神指派来的爸爸妈妈

我想知道 >>>

当我降临到这个世界的时候，我不知道谁是我的爸爸妈妈，好心的陌生人收养了我，照顾我生活，教育我长大。他们是命运之神指派来的爸爸妈妈吗？

身边案例 >>>

李宁与春彩系夫妻关系。春彩婚前单独收养了一名女婴，并依法办理了收养登记手续。婚后，春彩将自己与女婴的户口迁到了丈夫李宁的户口上，没有血缘关系的一家三口共同生活在一起，倒也其乐融融。后来，李宁与春彩夫妻二人感情不和，不久就协议离婚。但对于孩子的抚养问题，双方产生了分歧，起诉到了法院。

双方争议最大的地方是，二人离婚后，是两人均对孩子有抚养义务，还是只有春彩单方承担抚养义务。根据《中国公民收养子女登记办法》，夫妻共同收养子女的，应当共同到收养登记机关办理登记手续；一方因故不能亲自前往的，应当书面委托另一方办理登记手续，委托书应当经过居民委员会证明或者经过公证。本案中，春彩婚前单方收养了婴儿并依法办理收养登记手续，但婚后夫妻二人并没有再次到相关部门办理收养变更手续。因此，孩子应当属春彩一人单方收养，离婚后，由春彩单方承担抚养义务。

法律告诉你 >>>

社会上不少好心人将弃婴带回家抚养，他们这种举动往往是为了奉献自己的一片爱心，是高尚和值得弘扬的。但是收养是通过法律行为拟制血缘关系、变更亲属的身份，建立起养父母子女之间和其近亲属之间的权利义务关系，可能会产生抚养、赡养、继承等一系列法律效果，就应该受到法律的规范。所以收养不仅要合情更要合法。

收养是指将他人子女收为自己子女。法律上，收养视同婚生子女的一种身份契约关系。由于收养会将本无真实血缘联络之人间，拟制具有亲子关系，因此收养者与被收养者间又称为法定血亲或拟制血亲。收养者称为养父或养母，被收养者则称为养子或养女；被收养者之生父母称为本生父母，而对本生父母而言，被收养者称为出养子女。子女出养后，本生父母之亲权即处于暂时停止之状态。

收养不同于寄养。寄养是父母因特殊情况不能直接履行对子女的抚养义务，把子女寄托在他人家中生活的委托代理行为。寄养不发生父母子女关系的变更，被寄养儿童与受托人之间不产生父母子女的法律关系。

收养也不同于抚养。根据我国《婚姻法》和《继承法》的有关规定，抚养是父母照顾、养育其子女的一种法定义务，不引起人身关系和民事权利义务的变更，不是变更人身关系的民事法律行为。公民非因法定义务而自愿抚养他人子女也不属于收养的行为。

我国《收养法》规定，收养人应当同时具备下列条件：（一）无子女；（二）有抚养教育被收养人的能力；（三）未患有在医学上认为不应当收养子女的疾病；（四）年满三十周岁。无配偶的男性收养女性的，收养人与被收养人的年龄应当相差四十周岁以上。收养关系只有经过县级以上人民政府的民政部门审查登记才能成立、生效。

法律对收养做出的规定，是为了有利于被收养孩子的成长，保护收养关系，也使收养人的权利受到法律保护。国际儿童公约也规定了儿童的四项权利：生存权、发展权、受保护权和参与权。被收养的孩子同样应该享有这些权利，这就需要收养人具备一定的条件，如有抚养教育被收养人的能力、未患有在医学上认为不应当收养子女的疾病等。

多长点知识 >>>

古代关于收养的故事

其实收养这种法律行为古已有之：宋朝人叶石林（叶梦得，吴县人）在武昌任职时，正逢水灾，京师一带特别严重，从唐州、邓州等地漂来的浮尸不可胜数。叶石林命令以库存的粮食来救济灾民，但很多被遗弃的小孩却不知该如何处理。

有一天，叶石林问左右的人说："民间没有孩子的人为什么不收养他们呢？"左右的人说："怕养大以后又被亲生父母认领回去。"于是，叶石林翻阅相关法例，确有如下记载：凡是因为灾害而被遗弃的小孩，亲生父母不能再认领回去。有了法律依据，叶石林派人制作数十份空白的契券，详细说明这条法令，并发给城内外乡里之间的人家，凡是领养到小孩的，都让他们自己说明从哪里得来的，登录在契券后发给他们，并由官府登记在户籍里。如此一来，一共救活了三千八百个被遗弃的小孩。

这些法律和我相关 >>>

■《中华人民共和国婚姻法》

第二十六条：国家保护合法的收养关系。养父母和养子女间的权利和义务，适用本法对父母子女关系的有关规定。

养子女和生父母间的权利和义务，因收养关系的成立而消除。

■《中华人民共和国收养法》

第十五条：收养应当向县级以上人民政府民政部门登记。收养关系自登记之日起成立。

……

■《中国公民收养子女登记办法》

第四条：收养关系当事人应当亲自到收养登记机关办理成立收养关系的登记手续。

夫妻共同收养子女的，应当共同到收养登记机关办理登记手续；一方因故不能亲自前往的，应当书面委托另一方办理登记手续，委托书应当经过村民委员会或者居民委员会证明或者经过公证。

■《最高人民法院关于人民法院审理离婚案件处理子女抚养问题的若干具体意见》

14.《中华人民共和国收养法》施行前，夫或妻一方收养的子女，对方未表示反对，并与该子女形成事实收养关系的，离婚后，应由双方负担子女的抚育费；夫或妻一方收养的子女，对方始终反对的，离婚后，应由收养方抚养该子女。

17. 认识监护：被爱也是我的权利

爱和被爱都是幸福的。因为家庭的变故，爸爸妈妈不再爱我，谁是我的合法监护人？谁来保护我被爱的权利？

福建省仙游县某村村民林女多次用菜刀割伤其年仅9岁的亲生儿子林某的后背、双臂，用火钳鞭打林某的双腿，还经常让林某挨饿。自2013年8月开始，镇政府、村民委员会的干部及派出所的民警，多次对林女进行批评教育，但林女拒不悔改。2014年5月29日凌晨，林女再次用菜刀割伤林某的后背、双臂。为此，县公安局对林女作出行政拘留十五日，并处罚款人民币一千元的行政处罚决定。市妇联等有关部门采取应急措施，将林某送入救助站予以临时安置。

6月13日，申请人村民委员会以被申请人林女长期对林某实施虐待行为，严重影响林某的身心健康为由，向县人民法院请求依法撤销林女对林某的监护人资格，指定村民委员会作为林某的监护人。

人民法院在审理期间，征求林某的意见。林某表示不愿意随其母共同生活,也不愿意追究林女的刑事责任。

法院审理认为,监护人应当履行监护职责,保护被监护人的身体健康,照顾被监护人的生活,对被监护人进行管理和教育。被申请人林女作为林某的监护人,未采取正确的方法对林某进行教育引导,因认为林某不听话,即采取打骂等手段对林某长期虐待,经有关单位教育后仍拒不悔改,其行为已经严重损害了林某的身心健康,不宜再担任林某的监护人。依照民法有关规定,判决撤销被申请人林女对林某的监护人资格;指定申请人村民委员会担任林某的监护人。

监护,是指民法上规定的对于无民事行为能力人和限制民事行为能力人的人身、财产及其他合法权益进行监督、保护的一项制度。监护是对缺乏行为能力人的监督和照顾,设立监护制度的目的是保护无民事行为能力人和限制民事行为能力人的合法权益。

我国《民法通则》规定,未成年人的父母是未成年人的监护人。未成年人的父母已经死亡或者没有监护能力的,由下列人员中有监护能力的人担任监护人:(一)祖父母、外祖父母;(二)兄、姐;(三)关系密切的其他亲属、朋友愿意承担监护责任,经未成年人的父、母的所在单位或者未成年人住所地的居民委员会、村民委员会同意的。对担任监护人有争议的,由未成年人的父、母的所在单位或者未成年人住所地的居民委员会、村民委员会在近亲属中指定。对指定不服提起诉讼的,由人民法院裁决。特殊情况下,也可以由未成年人的父、母的所在单位或者未成年人住所地的居民委员会、村民委员会或者民政部门担任监护人。

根据最高人民法院《关于贯彻执行〈中华人民共和国民法通则〉若干问题的意见(试行)》规定,监护人可以将监护职责部分或者全部委托给他人。因被监护人的侵权行为需要承担民事责任的,应当由监护人承担,但另有约定的除外;被委托人确有过错的,负连带责任。

我国《未成年人保护法》规定，父母或者其他监护人应当创造良好、和睦的家庭环境，依法履行对未成年人的监护职责和抚养义务。禁止对未成年人实施家庭暴力，禁止虐待、遗弃未成年人。我国《民法通则》《婚姻法》《反家庭暴力法》等也做出了相应规定。作为监护人，父母的监护职责和抚养义务是法定义务，必须履行。如果父母不依法履行监护职责和义务或者侵害未成年子女的合法权益，有关部门如派出所、村委会、父母所在单位等应对其进行批评教育，经教育不改的，法院可以根据有关人员或单位的申请，对长期侵害未成年子女、严重影响未成年人身心成长的监护人，可以依照法律规定，撤销其监护权，另行指定监护人；对于情节恶劣、后果严重的，还可以以虐待、遗弃、故意伤害等罪名追究监护人的刑事责任。

多长点知识 >>>

古代丧妻再娶为何叫"续弦"

由于古时以琴瑟来比喻夫妻，故丧妻称"断弦"，再娶称"续弦"。据清朝翟灏的《通俗编·妇女》记载："今俗谓丧妻曰断弦，再娶曰续弦。"

这个词的来源，一说与春秋时期著名鼓琴演奏家俞伯牙有关，一说与汉武帝刘彻有关。

相传，春秋时期俞伯牙善于鼓琴。其妻极为赞赏他的琴技，常让俞伯牙弹琴给她听，夫妻感情恩爱，伉俪情深。后伯牙妻重病，卧床不起。尽管伯牙请遍名医，悉心照料，但是妻子的病依旧不见好转。眼看妻子的病一天比一天加重，俞伯牙心急如焚。突然有一天妻子精神好转，说想听丈夫抚琴一曲。俞伯牙忙取琴调弦弹奏起来，听了俞伯牙弹奏的琴音，妻子果然精神大好。俞伯牙为了让妻子尽快好起来，便弹了一曲又一曲，不敢停歇；当他弹得雅兴正浓时，突然"嘣"一声，琴弦断为两截。就在这当儿，妻子也不呻吟了。俞伯牙急忙丢下琴，跑到床前一看，妻子已经咽气了。伯牙抱头痛哭了一阵后，就招呼家人料理后事，从此再不弹琴了。

一年后，俞伯牙的一位朋友为他介绍了一门亲事。因俞伯牙还沉浸在亡妻之痛中，本不打算再娶了，可经不住众人的劝说，只好勉强答应先去女方家相看后再定。没想到这一看不要紧，俞伯牙竟然对那个姑娘一见钟情。而对方也因俞伯牙才华横溢，有意嫁他为妻。但她提出一个条件，要先听俞伯牙为自己弹琴一曲，才肯嫁给他。俞伯牙回家取来那张断了一根琴弦的琴，拆去一直没心思接的断弦，续了一根新弦后，为姑娘弹奏起来。那一曲曲悠扬动听的雅韵，一会儿如高山流水，一会儿如碧空飞云，真是出神入化，一派仙乐。大家听得似痴如呆，琴声停后好一阵才醒转，接着就是一阵喝彩声。就连一向拘谨的闺秀，也情不自禁地拍起了巴掌，当下答应了这门婚事。

这个故事传开之后，民间便开始用"续弦"指丧妻再娶了。

还有一个说法：据《汉武外传》当中记载，汉武帝用的弓弦断了之后，以鸾胶续之，弦后来变得异常坚固，一直没被拉断。后来人们便称男子续娶为"续弦""续胶"或"鸾胶再续"。刘兼的《秋夕书怀呈戎州郎中》诗："鸾胶处处难寻觅，断尽相思寸寸肠。"这里的"鸾胶"，就是续娶的意思。

这些法律和我相关 >>>

■《中华人民共和国民法通则》

第十八条：监护人应当履行监护职责，保护被监护人的人身、财产及其他合法权益，除为被监护人的利益外，不得处理被监护人的财产。

监护人依法履行监护的权利，受法律保护。

监护人不履行监护职责或者侵害被监护人的合法权益的，应当承担责任；给被监护人造成财产损失的，应当赔偿损失。人民法院可以根据有关人员或者有关单位的申请，撤销监护人的资格。

■《中华人民共和国未成年人保护法》

第五十三条：父母或者其他监护人不履行监护职责或者侵害被监护的未成年人的合法权益，经教育不改的，人民法院可以根据有关人员或有关单位的申请，撤销其监护人的资格，依法另行指定监护人。被撤销监护资格的父母应当依法继续负担抚养费用。

第六十二条：父母或者其他监护人不依法履行监护职责，或者侵害未成年人合法权益的，由其所在单位或者居民委员会、村民委员会予以劝诫、制止；构成违反治安管理行为的，由公安机关依法给予行政处罚。

■《中华人民共和国反家庭暴力法》

第十二条：未成年人的监护人应当以文明的方式进行家庭教育，依法履行监护和教育职责，不得实施家庭暴力。

第二十一条：监护人实施家庭暴力严重侵害被监护人合法权益的，人民法院可以根据被监护人的近亲属、居民委员会、村民委员会、县级人民政府民政部门等有关人员或者单位的申请，依法撤销其监护人资格，另行指定监护人。

被撤销监护人资格的加害人，应当继续负担相应的赡养、扶养、抚养费用。

■最高人民法院、最高人民检察院、公安部、民政部《关于依法处理监护人侵害未成年人权益行为若干问题的意见》

35. 被申请人有下列情形之一的，人民法院可以判决撤销其监护人资格：

（一）性侵害、出卖、遗弃、虐待、暴力伤害未成年人，严重损害未成年人身心健康的；

（二）将未成年人置于无人监管和照看的状态，导致未成年人面临死亡或者严重伤害危险，经教育不改的；

（三）拒不履行监护职责长达六个月以上，导致未成年人流离失所或者生活无着的；

（四）有吸毒、赌博、长期酗酒等恶习无法正确履行监护职责或者因服刑等原因无法履行监护职责，且拒绝将监护职责部分或者全部委托给他人，致使未成年人处于困境或者危险状态的；

（五）胁迫、诱骗、利用未成年人乞讨，经公安机关和未成年人救助保护机构等部门三次以上批评教育拒不改正，严重影响未成年人正常生活和学习的；

（六）教唆、利用未成年人实施违法犯罪行为，情节恶劣的；

（七）有其他严重侵害未成年人合法权益行为的。

18. 认识继承：对未成年人继承权有哪些特别保护

生活正幸福，家门起纷争，在未成年人没有生活来源的情况下，法律能保护他们的代位继承权利吗？

被继承人杨某与其妻刘某育有一子三女。杨某夫妇在市区购买房屋四间。后其妻刘某和儿子相继去世，1993年3月，杨某立下公证遗嘱，将自己所有的财产及继承老伴的那部分财产指定由三个女儿继承，但未明确遗产的具体分配办法。同年12月，杨某病故。其时，杨某的两个孙子杨波、杨涛分别为16岁和11岁，正在上学，他们的母亲有固定的工资收入，两人父亲生前所在单位提供生活补助费每人每月65元。继承人为继承遗产发生纠纷，三名遗嘱继承人诉至法院，要求按照遗嘱继承遗产。

法院审理认为，代位继承人杨波、杨涛在被继承人杨某死亡时均未成年，尚不具备劳动能力；他们的母亲虽然有经济来源，也供养他们，但不属于杨波、杨涛个人有生活来源；至于他们的父亲生前所在单位每月供给的65元生活补助费，虽然构成其个人生活来源，但远远低于被继承人杨某死亡时当地城市居民人均生活费收入的数额,不足以维持其正常生活。因此,两位代位继承人均属于"缺乏劳动能力又没有生活来源"的人,依法享有必留份权利。被继承人杨某生前所立遗嘱剥夺了未成年代位继承人的继承权,遂确定遗嘱无效,并依法定继承原则对继承遗产进行分配。

法律告诉你 >>>

继承是指财产所有人死亡或者被宣告死亡之时起,按照法律规定将死者遗留下来的财产转移给他人所有的一种法律制度。继承遗产或者有权继承遗产的人称为继承人。继承权是指继承人根据法律规定,取得遗产的权利。继承权的客体是被继承人的遗产。遗产包括死者遗留下来的财产和财产权利。

我国继承法所确立的继承制度,是单纯的财产继承制度。根据《中华人民共和国继承法》的规定,遗产是公民死亡时遗留下来的个人合法财产,包括:(一)公民的收入;(二)公民的房屋、储蓄和生活用品;(三)公民的林木、牲畜和家禽;(四)公民的文物、图书资料;(五)法律允许公民所有的生产资料;(六)公民的著作权、专利权中的财产权利;(七)公民的其他合法财产,如个人承包应得的收益等。

继承的方式分为如下四种:遗嘱继承,即被继承人在生前订立遗嘱,指定继承人继承自己的遗产;遗赠,即被继承人生前订立遗嘱,将遗产赠予国家、集体,或者法定继承人以外的人;遗赠扶养协议,即被继承人与扶养人订立协议,由扶养人负担被继承人生养死葬的义务,被继承人的全部或部分财产在其死后转归扶养人所有;法定继承,即在上面三种情况都不存在的情况下,法律根据亲属关系的远近确定的遗产分配顺序。如果同时出现两种以上的继承情况,四种继承方式中,遗赠扶养协议的效力最高,其次是遗嘱继承和遗赠,效力最低的是法定继承。

在死者生前没有立任何遗嘱或遗赠扶养协议的情况下,法律规定其遗产分配顺序,只有近亲属之间才享有继承权,包括死者的配偶、父母、子女、兄弟姐妹、祖父母、外祖父母。但这些人继承遗产是有顺序的,配偶、子女、父母是法律规定的优先继承人,他们之间的地位完全平等,遗产将在他们之间平均分配;其他有继承权的近亲属,只有在这三类亲属都已经不存在的前提下,才享有遗产继承权。继承人有下列情形之一的,也会丧失继承权:故意杀害被继承人的;为争夺遗产而杀害其他继承人的;遗弃被继承人,或者虐待被继承人,情节严重的;伪造、篡改或者销毁遗嘱,情节严重的。

通常情况下,孙子女、外孙子女是祖父母、外祖父母遗产的第二顺序继承人,也就是说,在祖父母、外祖父母的子女都还存在的情况下,孙子女、外孙子女是没有资格继承他们的遗产的。但如果祖父母、外祖父母的子女先于自己死亡的,则该份遗产可以由该子女的晚辈直系血亲,即祖父母、外祖父母的孙子女、外孙子女来继承。这在法律上被称作代位继承,即他们可以代替自己的父母来继承祖父母、外祖父母的遗产。此外,被继承人的孙子女、外孙子女、曾孙子女、外曾孙子女都可以代位继承,代位继承人不受辈数的限制。但是必须要注意,代位继承只能存在于法定继承的情况下,如果被继承人立有遗嘱或者遗赠扶养协议,代位继承完全不适用。

虽然从原则上来说,子女在分配父母遗产的时候应当均等,但这并不是绝对的。对被继承人尽了主要赡养义务或者与被继承人共同生活的继承人,分配遗产时,可以多分。同样道理,有赡养能力和有赡养条件的继承人,不尽赡养义务的,分配遗产时,应当不分或者少分。无论是婚生子女、非婚生子女,还是有抚养关系的养子女、继子女,在法律上都具有相同的地位,具有平等的继承权。子女与父母之间的关系不因为父母之间的变化而受到影响,同样,子女的继承权也不因为父母没有结婚,或者子女没有与父或母一起生活,或者子女与父母虽有抚养关系但没有血缘关系而被剥夺。

本案例的处理,涉及我国《继承法》确立的"必留份"制度之法律适用问题。"遗嘱应当对缺乏劳动能力又没有生活来源的继承人保留必要的遗产份额。"《最高人民法院关于贯彻执行〈中华人民共和国继承法〉若干问题的意见》对此又做了进一步的补充:"遗嘱未保留缺乏劳动能力又没有生活来源的继承人的遗产份额,遗产处理时,应当为该继承人留下必要的遗产,所剩下的部分,才可参照遗嘱分配原则处理。"根据《继承法》的规定,只有缺乏劳动能力又没有生活来源的继承人，才享有取得必要的遗产份额，即必留份的权利。

多长点知识 >>>

我国古代的继承制度

华夏文明历史悠久，我国古代的继承制度在奴隶制社会的夏朝时，父死子继的身份继承制度就已经出现。到了商朝，前期实行的是兄终弟及的继承制度，后期实行的是父死子继的继承制度。商朝前期这一独特历史形态，曾被法国孟德斯鸠写入其名著《论法的精神》。周代时，实行以父死子继为主、间有兄终弟及的继承制度，吸收夏商身份继承制度的一些特点，西周时为了维护家族利益，不管是身份继承还是财产继承，都是实行嫡长子继承制。

在封建制社会的继承制度中，汉朝规定嫡长子才能继承封爵，在财产继承上，采取诸子均分的形式。唐代将"诸子均分"作为法定继承的基本原则，若有遗嘱者，则不按法定顺序继承，采取遗嘱优先的原则。女子出嫁后，原则上在娘家没有继承权，但如果出现"户绝"（家里没有男性继承人）的情况，女子可以依法取得全部遗产，在分家析产时，未嫁女可以分到相当于未娶兄弟聘财一半的财产作为自己的嫁妆费，但私生子依唐律不享有继承权。宋朝除沿袭均分制和允许在室女享受部分继承财产权外，还规定出嫁女继承份额为男子的三分之一。

封建社会后期的继承制度在沿袭的基础上有了一定的发展。总而言之，为了维护封建礼制和阶级统治，我国古代的继承制度呈现出内涵丰富、阶层分明、男尊女卑等特点。

 **这些法律和我相关 >>>**

■《中华人民共和国婚姻法》

第二十四条：夫妻有相互继承遗产的权利。

父母和子女有相互继承遗产的权利。

■《中华人民共和国继承法》

第六条：无行为能力人的继承权、受遗赠权，由他的法定代理人代为行使。

限制行为能力人的继承权、受遗赠权，由他的法定代理人代为行使，或者征得法定代理人同意后行使。

第十九条：遗嘱应当对缺乏劳动能力又没有生活来源的继承人保留必要的遗产份额。

■最高人民法院关于贯彻执行《中华人民共和国继承法》若干问题的意见

8.法定代理人代理被代理人行使继承权、受遗赠权，不得损害被代理人的利益。法定代理人一般不能代理被代理人放弃继承权，受遗赠权。明显损害被代理人利益的，应认定其代理行为无效。

■《中华人民共和国未成年人保护法》

第五十二条：人民法院审理继承案件，应当依法保护未成年人的继承权和受遗赠权。

……

19. 认识义务教育：我要维护学习的权利

看到同龄的孩子背着书包高高兴兴去上学，贫穷的我却始终没有迈进学校的大门。没有起跑线，我的人生就没有方向。法律能保护我的学习权利吗？

新疆和田市拉斯奎镇政府通过了解，掌握到村民阿某以各种理由不让其儿子上学。经镇政府工作人员和老师反复做工作后，其仍然拒绝送儿子到校就读。于是，拉斯奎镇政府向和田市人民法院依法提起诉讼，要求其履行义务教育义务。法院立案后，对被起诉的学生家长进行了走访调查，认为被告阿某作为法定监护人，没有履行法定义务，以各种理由不让其子正常入校接受义务教育，属于侵犯学龄儿童接受义务教育权利的违法行为。

法院审理认为，送适龄儿童、少年入学接受并完成义务教育，是父母或者其他法定监护人必须承担的法律义务。拉斯奎镇村民阿某拒不履行监护人法定义务，不送适龄儿童接受九年义务教育，是违法的，必须限期改正，自觉履行作为父母和法定监护人的义务。法院判决其马上送孩子到校读书，直至完成九年义务教育阶段的学习。

法律告诉你 >>>

义务教育，是指根据宪法、法律规定，国家、社会、家庭必须予以保证适龄儿童和青少年接受的国民教育。其实质是国家依照法律的规定对适龄儿童和青少年实施的一定年限的强迫教育的制度。因此，义务教育具有强制性、公益性、普及性的特点。

我国《义务教育法》规定，凡年满六周岁的儿童，其父母或者其他法定监护人应当送其入学接受并完成义务教育；条件不具备的地区的儿童，可以推迟到七周岁。适龄儿童、少年因身体状况需要延缓入学或者休学的，其父母或者其他法定监护人应当提出申请，由当地乡镇人民政府或者县级人民政府教育行政部门批准。地方各级人民政府应当保障适龄儿童、少年在户籍所在地学校就近入学。父母或者其他法定监护人在非户籍所在地工作或者居住的适龄儿童、少年，在其父母或者其他法定监护人工作或者居住地接受义务教育的，当地人民政府应当为其提供平等接受义务教育的条件，帮助解决适龄儿童、少年接受义务教育的困难，采取措施防止适龄儿童、少年辍学。

我国《未成年人保护法》也规定，父母或者其他监护人应当创造良好、和睦的家庭环境，依法履行对未成年人的监护职责和抚养义务。要关注未成年人的生理、心理状况和行为习惯，以健康的思想、良好的品行和适当的方法教育和影响未成年人，引导未成年人进行有益身心健康的活动，预防和制止未成年人吸烟、酗酒、流浪、沉迷网络以及赌博、吸毒、卖淫等行为。父母或者其他监护人应当学习家庭教育知识，正确履行监护职责，抚养教育未成年人。尊重未成年人受教育的权利，必须使适龄未成年人依法入学接受并完成义务教育，不得使接受义务教育的未成年人辍学。学校也要尊重未成年学生受教育的权利，关心、爱护学生，对品行有缺点、学习有困难的学生，应当耐心教育、帮助，不得歧视，不得违反法律和国家规定开除未成年学生。

对家长来讲，让自己的适龄孩子参加义务教育学习不仅是自己的家事，更是一项国家法律强制性规定的法定义务。因此，不得以任何理由违反国家义务教育法律制度，侵犯适龄儿童、少年的学习权利。

多长点知识 >>>

义务教育的历史发展

义务教育起源于德国。宗教领袖马丁·路德是最早提出义务教育概念的人。改革胜利后，为使人们都有学习《圣经》的能力，马丁·路德颁布了义务教育法。1619年，德国魏玛公国公布的学校法令规定：父母应送其6—12岁的子女入学，这是最早的义务教育。在1763年到1819年，德国基本完善了义务教育法规。

清朝末年，欧美各国以及亚洲的日本大都普遍实行了义务教育。1903年，清政府颁布了《奏定学堂章程》(旧称"癸卯学制")，是中国近代教育史上第一个以法令形式公布并在全国推行过的学校教育体系。1911年7、8月间，清政府学部派人在北京主持召开中央教育会议，会议议决了《试办义务教育章程案》等文件，明确规定以四年为义务教育期，并提出了试办义务教育的办法。

1912年，民国临时政府教育部颁布了《学校系统令》，即《壬子学制》，也规定了"初等小学四年，为义务教育"。至此，从清末以来，拟议、酝酿了十余年的义务教育终于被认定。1937年，民国政府教育部颁布《学龄儿童强迫入学暂行办法》，这个时期的义务教育概念是强迫教育。1940年4月，民国政府教育部制定《国民教育实施纲要》，规定国民教育分为义务教育和失学民众补习两部分，两者同时实施。

这些法律和我相关 >>>

■《中华人民共和国教育法》

第十九条：国家实行九年制义务教育制度。

各级人民政府采取各种措施保障适龄儿童、少年就学。

适龄儿童、少年的父母或者其他监护人以及有关社会组织和个人有义务使适龄儿童、少年接受并完成规定年限的义务教育。

■《中华人民共和国义务教育法》

第四条：凡具有中华人民共和国国籍的适龄儿童、少年，不分性别、民族、种族、家庭财产状况、宗教信仰等，依法享有平等接受义务教育的权利，并履行接受义务教育的义务。

第五条：……

适龄儿童、少年的父母或者其他法定监护人应当依法保证其按时入学接受并完成义务教育。

……

……

第五十八条：适龄儿童、少年的父母或者其他法定监护人无正当理由未依照本法规定送适龄儿童、少年入学接受义务教育的，由当地乡镇人民政府或者县级人民政府教育行政部门给予批评教育，责令限期改正。

■《中华人民共和国未成年人保护法》

第十三条：父母或者其他监护人应当尊重未成年人受教育的权利，必须使适龄未成年人依法入学接受并完成义务教育，不得使接受义务教育的未成年人辍学。

20. 认识家庭暴力：我不是"出气筒"

由于爸爸妈妈脾气暴躁，无助的我经常成为他们的"出气筒"，除了身体上的皮肉之苦，伤害更深的是我幼小的心灵。遇到家庭暴力时，我该怎么做？

据媒体报道，陕西省西安市的李杨（化名）是一名7岁的小男孩，上小学二年级，平是很贪玩，不爱学习。李杨的妈妈是本市一所重点学校的老师，由于儿子做作业拖拉，上课不认真听讲，考试全班倒数，她经常因为学习的事情打他，由于情绪激动，每次都打得李杨撕心裂肺地哭。尽管妈妈打完后就后悔，但是没过几天，又会因为学习的事打孩子，就这样反反复复，结果儿子的学习是越来越差，甚至出现厌学、逃学的情况。

后来，经过当地的青少年维权组织了解到，李杨的妈妈从小父母感情不合，三天两头打架，她自己是在家庭暴力中长大的，所以妈妈教育孩子的方式也是简单粗暴，尽管自己多次发誓一定不要像自己父母那样对待自己的孩子，可是在气头上总是控制不住自己。

法律告诉你 >>>

家庭暴力，是指家庭成员之间以殴打、捆绑、残害、限制人身自由以及经常性谩骂、恐吓等方式实施的身体、精神等侵害行为。也就是说，家庭暴力不再仅仅包含传统的身体暴力行为，还包括经常性谩骂、恐吓等精神暴力侵害行为。

我国《反家庭暴力法》规定，无民事行为能力人、限制民事行为能力人因家庭暴力身体受到严重伤害、面临人身安全威胁或者处于无人照料等危险状态的，公安机关应当通知并协助民政部门将其安置到临时庇护场所、救助管理机构或者福利机构。学校、幼儿园、医疗机构、居民委员会、村民委员会、社会工作服务机构、救助管理机构、福利机构及其工作人员在工作中发现无民事行为能力人、限制民事行为能力人遭受或者疑似遭受家庭暴力的，应当及时向公安机关报案，公安机关接到家庭暴力报案后应当及时出警，制止家庭暴力，按照有关规定调查取证，协助受害人就医、鉴定伤情。未依照规定向公安机关报案，造成严重后果的，上级主管部门或本单位要对直接负责的主管人员和其他直接责任人员依法给予处分。

监护人实施家庭暴力严重侵害被监护人合法权益的，人民法院可以根据被监护人的近亲属、居民委员会、村民委员会、县级人民政府民政部门等有关人员或者单位的申请，依法撤销其监护人资格，另行指定监护人。被撤销监护人资格的加害人，应当继续负担相应的赡养、扶养、抚养费用。

未成年人及其他无民事行为能力人、限制民事行为能力人在面临家庭暴力的现实危险时，可以向人民法院申请人身安全保护令。人民法院受理申请后，应在72小时内做出人身安全保护令或者驳回申请；紧急情况的，应在24小时内做出。人身安全保护令包括：禁止被申请人实施家庭暴力；禁止被申请人骚扰、跟踪、接触申请人及其相关近亲属；责令被申请人迁出申请人住所以及保护申请人人身安全的其他措施。

多长点知识 >>>

唐朝女子设计惩治色狼

唐朝《朝野佥载》讲了这样一个故事：唐高祖李渊之子滕王李元婴，曾任洪州（今江西南昌）刺史，江南三大名楼之一的滕王阁，就是他修建的。不过，这个滕王却是个好色之徒。他手下官员们的妻子，只要是长得漂亮的，差不多都被他染指奸污过。他经常会以王妃的名义召官员的妻子进府，而官员们的妻子一旦进了王府，就会难逃厄运。

当时有个掌管文书的小吏名叫崔简，他的妻子郑氏初次来到洪州，颇有姿色。滕王听说后，就派人来召她。崔简感到左右为难：若妻子不去的话，怕得罪滕王；若她去的话，又怕遭滕王污辱。郑氏说："如今是太平盛世，他敢胡作非为吗？"于是就去了滕王府门外的小楼阁。滕王早已经在那里等着，一见郑氏进来，就上前要非礼她。郑氏大声喊叫。左右侍从说："他是滕王。"郑氏说："滕王怎么会如此下流？一定是家奴！"边说边取下一只鞋，猛击滕王的脑袋，打得他头破血流。用鞋打了还不过瘾，又用手指抓破了滕王的脸。王妃闻讯赶紧跑来，郑氏得以脱身回家。

滕王被打后十多天未理公务。等他伤愈上衙门办公时，崔简向他请罪。滕王觉得脸面扫地，赶紧退回后堂去了，一个月后才露面。此事过后，先前被滕王"召"过的那些官员们的妻子，无不感到羞愧，自叹不如郑氏聪慧。

这些法律和我相关 >>>

■《中华人民共和国未成年人保护法》

第十条：父母或者其他监护人应当创造良好、和睦的家庭环境，依法履行对未成年人的监护职责和抚养义务。

禁止对未成年人实施家庭暴力，禁止虐待、遗弃未成年人，禁止溺婴和其他残害婴儿的行为，不得歧视女性未成年人或者有残疾的未成年人。

■《中华人民共和国反家庭暴力法》

第十二条：未成年人的监护人应当以文明的方式进行家庭教育，依法履行监护和教育职责，不得实施家庭暴力。

第二十三条：当事人因遭受家庭暴力或者面临家庭暴力的现实危险，向人民法院申请人身安全保护令的，人民法院应当受理。

当事人是无民事行为能力人、限制民事行为能力人，或者因受到强制、威吓等原因无法申请人身安全保护令的，其近亲属、公安机关、妇女联合会、居民委员会、村民委员会、救助管理机构可以代为申请。

21. 认识处分权：损害未成年人利益的和解协议不予确认

我的财产我做主，这是一个社会主体的应有权利。监护人在履行监护权时，应该怎样保护我的财产权利？

2013年2月，怀孕7个月的杨某被刘某驾车撞伤，送往医院救治3小时后早产一子石某。石某因交通事故导致多种后遗症，医院诊断其右耳听力微弱，长大后有丧失听力的可能，需定期复查。杨某与石某起诉要求刘某赔偿。诉讼中，石某的父母代理石某与刘某和解，约定刘某在保险赔偿范围外一次性赔偿石某3.5万元。双方一次性解决交通事故产生的全部纠纷，以后石某耳朵产生任何问题，均不得再向刘某索赔。经法官释明，石某的父母均坚持和解协议，表示愿意承担儿子长大后听力丧失的风险，并请求法院出具调解书。

最终，法院通过主动审查监护人签订的协议效力，认为监护权的行使应以不侵害被监护人的利益为前提，对于侵害未成年人利益的协议，法院不予确认。

法律告诉你 >>>

我国对于未成年人的保护立法正趋于完善，未成年人生存和发展的权利得到了较好的保护，但对于未成年人的财产权益的保护则十分薄弱。由于财产权本身具有意志性，是权利主体自由意志的体现，法律虽然规定未成年人享有财产权，由于行为能力的欠缺，法律对未成年人的行为加以限制。为保护未成年人的权益，民法设立了监护制度。然而监护制度的本意在于保护，而不是代替被监护人直接享有、行使权利。现实生活中，作为监护人的父母往往将自己的意志强加于未成年人的意志之上。

就本案而言，涉及监护中未成年人财产处分权的两个基本问题：一是监护人行使未成年人财产处分权的合法性前提问题；二是审理涉及未成年人案件遵循的基本原则。

首先，监护人行使未成年人财产处分权应以不侵害未成年人利益为前提。未成年人具有独立的人格与独立的价值，并非家长的附属。监护制度的目的，是为维护未成年人的利益，弥补未成年人行为能力不足带来的行为风险。因此，监护权的行使必须以不损害未成年人利益为前提。我国尽管没有对此明确规定，但是相关法律规定已经体现了这种思想。如我国规定了监护人侵犯未成年人权利的损害赔偿责任，2014年最高法、最高检和公安部、司法部联合出台的《关于依法处理监护人侵害未成年人权益行为若干问题的意见》也明确规定，严重侵犯未成年人利益，可以剥夺监护权。这些规定的目的，就是要明确未成年人利益在监护权行使过程中的核心地位。

本案中，石某属于因交通事故导致的早产儿，被诊断为听力发育不良，有丧失听力的可能，无疑属于严重的人身损害。未成年人石某长大后可能承受的痛苦与支付的医疗费，将远远超过当前和解约定的数额。石某的父母代为签订和解协议，其出发点是为了迅速解决纠纷，及时得到赔偿，但是从监护权行使的角度看，和解协议无疑侵犯了石某的合法权益，监护权的行使超出了法律许可的范围。

其次,"未成年人最大利益原则"是处理未成年人案件遵循的基本原则。未成年人最大利益原则最早被《儿童权利公约》确认,目前已经成为国际社会普遍接受的基本准则,该条约第 3 条第 1 款明确规定:"关于儿童的一切行动,不论是由公私社会福利机构、法院、行政当局或立法机构执行,均应以儿童的最大利益为一种首要考虑。"未成年人最大利益原则本身不仅仅是一项司法原则,还是处理一切涉及未成年人事件的基本原则。该原则近年来逐渐被我国立法吸收借鉴,并成为少年司法最为根本的原则。未成年人最大利益原则最基本的要求就是,针对未成年人做出的行为必须有利于未成年人身心健康成长与未来发展。

因此,本案和解协议的法律确认就是要审查监护人代为达成的协议是否符合石某的利益,是否有利于石某的健康成长与发展。从和解协议达成的过程我们不难看出,石某的监护人主要是为了尽快解决纠纷,避免以后因无法找到侵权人导致无法实际获得赔偿。综合协议的赔偿数额与未成年人石某未来可能承受的风险、精神痛苦来考量,和解协议并没有充分评估未成年人石某的利益,其结果也是不符合未成年人最大利益原则的。

本案中石某是刚出生的婴儿,监护人实施了损害其权益的行为,如果法院不依职权否认,就无法真正保护未成年人的利益。

多长点知识 >>>

识人的智慧

《吕氏春秋》记载,孔子周游列国时,曾因兵荒马乱,旅途困顿,三餐以野菜果腹,七日没吃一粒米饭。一天,颜回好不容易要到了一些白米煮饭,饭快煮熟时,孔子看到颜回掀起锅盖,抓些白饭往嘴里塞,孔子当时装作没看见,也不去责问。

饭煮好后,颜回请孔子进食,孔子假装若有所思地说:"我刚才梦到祖先来找我,把干净还没人吃过的米饭,先拿来祭祖先吧!"颜回顿时慌张起来说:"不可以的,这锅饭我已先吃一口了,不可以祭祖先了。"

孔子问为什么?颜回涨红脸,嗫嚅地说:"刚才在煮饭时,不小心掉了些染灰在锅里,染灰的白饭丢了太可惜,只好抓起来先吃了,我不是故意把饭吃了。"孔子听了,恍然大悟,对自己的观察错误很愧疚,抱歉地说:"我平常对颜回最信任,但仍然还会怀疑他,可见我们内心是最难确定稳定的。弟子们,大家记下这件事,要了解一个人,还真是不容易啊!"

所谓知人难,相知相惜更难。我们主观的了解观察,只是真相的千分之一,单一角度判断,是不能达到全方位的观照的。有多少人,因为自己的"亲眼所见",尤其是对有亲密关系的人,从此耿耿于怀,甚至怀恨在心……可悲的是,他到死都不知道,其实是自己"看错了"。

这些法律和我相关 >>>

■《中华人民共和国民法通则》

第十八条:监护人应当履行监护职责,保护被监护人的人身、财产及其他合法权益,除为被监护人的利益外,不得处理被监护人的财产。

监护人依法履行监护的权利,受法律保护。

监护人不履行监护职责或者侵害被监护人的合法权益的,应当承担责任;给被监护人造成财产损失的,应当赔偿损失。人民法院可以根据有关人员或者有关单位的申请,撤销监护人的资格。

■《中华人民共和国合同法》

第五十一条:无处分权的人处分他人财产,经权利人追认或者无处分权的人订立合同后取得处分权的,该合同有效。

第五十八条:合同无效或者被撤销后,因该合同取得的财产,应当予以返还;不能返还或者没有必要返还的,应当折价补偿。有过错的一方应当赔偿对方因此所受到的损失,双方都有过错的,应当各自承担相应的责任。

22. 认识遗弃：将患病孙子遗弃致死，爷爷被判遗弃罪

一个新生命呱呱落地之时，法律就赋予了他生存的权利，不幸的是，他还没有感受到世界的绚丽多姿，稚嫩的生命就被残忍地扼杀在摇篮里。这是人生的悲剧还是人世的无情？

阜阳市某区少年小东生于1996年8月，因为早恋，不满18岁的他就有了女朋友——与他同年同月出生的小兰。2014年6月，两人的孩子在医院呱呱坠地，此时已为人父母的他们仍然未满18周岁。

孩子出生三天后，因颅内出血，被转至阜城一家公立医院治疗，医生判断孩子病情严重，下达了病危通知书。孩子的爷爷得知孙子治疗后可能留有脑瘫后遗症，康复几率较小、治疗费用较高，考虑到孩子的爸妈还都没有成年，没有经济收入，于是提议将孙子送到福利院。

几天后的一个深夜，爷爷以转院的名义将孙子从医院接出来，与他人乘车到福利院附近，安排人将孩子遗弃在福利院门前不远处的路边上。随后他

报警称福利院附近有弃婴,自己留在现场附近隐蔽处,直到公安民警赶到现场后才离开。但不幸的是,这个出生仅7天的婴儿已被过往车辆碾压致死。警方随后传唤孩子爷爷,他如实供述了遗弃孩子的经过。

最终,法院以遗弃罪判处孩子爷爷有期徒刑二年,缓刑三年。

法律告诉你 >>>

遗弃是指家庭成员中负有赡养、扶养、抚养义务的一方,对需要赡养、扶养和抚养的另一方不履行其应尽义务的违法行为。如父母不抚养未成年子女,成年子女不赡养无劳动能力或生活困难的父母,配偶不履行扶养对方的义务等。我国婚姻法明确规定,禁止家庭成员间的虐待和遗弃,并对家庭成员之间应履行的扶养义务作了规定。有负担能力而拒不履行扶养义务,就侵犯了年老、年幼、患病或者没有独立生活能力的人在家庭中的平等权利。

父母对子女的抚养义务,是社会所赋予并由国家法律规定的义务,它既是一项社会义务,也是一项法律义务。扶养义务自子女出生时就自然开始,是无条件的。因此,遗弃是以不作为的形式出现,该为而不为,致使被遗弃人的权益受到侵害。

遗弃罪是指对于老年、年幼、患病或者其他没有独立生活能力的人,负有扶养义务而拒绝扶养,情节恶劣的行为。如父母拒绝抚养没有独立生活能力的子女,子女拒绝赡养已失去独立生活能力的父母等行为。我国刑法规定,对于年老、年幼、患病或者其他没有独立生活能力的人,负有扶养义务而拒绝扶养,情节恶劣,处五年以下有期徒刑、拘役或者管制。这里所指的情节恶劣,通常是指被遗弃人因生活无着而被迫到处乞讨、遗弃动机卑鄙、遗弃手段十分恶劣以及由于遗弃造成病、残、死亡后果等情况。遗弃罪侵犯的客体是被害人在家庭成员中的平等权利,对象只限于年老、年幼、患病或者其他没有独立生活能力的家庭成员。遗弃行为必须达到情节恶劣程度,才构成犯罪。情节是否恶劣是区分遗弃罪与非罪的一个重要界限。根据司法实践经验,遗弃行为情节恶劣是指:由于遗弃而致被害人重伤、死亡的;被害人因被遗弃而生活无着,流离失所,被迫沿街乞讨的;因遗弃而使被害人走投无路被迫自杀的;行为人屡经教育,拒绝改正而使被害人的生活陷入危难境地的;遗弃手段十分恶劣的等等。

就本案而言,孩子爷爷以转院的名义将孙子从医院接出来,将孩子遗弃在福利院门前,造成被遗弃人死亡的严重后果,已经构成了遗弃罪。

多长点知识 >>>

筷子为什么是7寸6分

筷子的标准长度是七寸六分,代表人有七情六欲,以示与动物有本质的不同。

有些人很羡慕西方人用刀叉吃饭,觉得这种姿势和仪态有品位。其实,刀叉是冶金术成熟以后才有的用具。而冶金术是十五世纪才发明的,在广泛应用于日常生活中之前,西方人是用手吃饭。相比之下,筷子的文明史显然长得多。

筷子是两根,称呼却是一双。在餐厅里呼唤服务生"拿一双筷子吧",那肯定是中国人;如果说"拿两根筷子吧",那一定是外国人。为什么明明是两根筷子,却叫一双筷子呢?这里面有太极和阴阳的理念。太极是一,阴阳是二;一就是二,二就是一;一中含二,合二为一。这是中国人的哲学。筷子在使用的时候,讲究配合和协调。一根动,一根不动,才能夹得稳。两根都动,或者两根都不动,就夹不住。这是中国的阴阳原理,也有西方力学的杠杆原理。

筷子还有点穴、按摩和刮痧的作用。旧时人们走江湖,身上只要有一双筷子,有什么毛病都能自己治好。即便忘了带,随手掰根树枝或芦苇,折断了,在石头上磨一磨,在水里洗一洗,也能用。

中国文明和西方文明都从神话发源。西方后来人神分家了,做事靠科学,做人靠宗教。中国人的理想和现实、灵魂与肉体是合二为一的,每天用的筷子里面就有信仰，举手投足都是理念。这是一种通达和智慧。

这些法律和我相关 >>>

■《中华人民共和国刑法》

第二百六十一条：对于年老、年幼、患病或者其他没有独立生活能力的人，负有扶养义务而拒绝扶养，情节恶劣的，处五年以下有期徒刑、拘役或者管制。

■《中华人民共和国婚姻法》

第二十一条：父母对子女有抚养教育的义务；子女对父母有赡养扶助的义务。

父母不履行抚养义务时，未成年的或不能独立生活的子女，有要求父母付给抚养费的权利。

子女不履行赡养义务时，无劳动能力的或生活困难的父母，有要求子女付给赡养费的权利。

禁止溺婴、弃婴和其他残害婴儿的行为。

第四十五条：对重婚的，对实施家庭暴力或虐待、遗弃家庭成员构成犯罪的，依法追究刑事责任。受害人可以依照刑事诉讼法的有关规定，向人民法院自诉；公安机关应当依法侦查，人民检察院应当依法提起公诉。

23. 认识赡养：当你老了，谁有责任照顾你

老吾老以及人之老，幼吾幼以及人之幼。人总是有老去的那一天，赡养老人是中华民族的传统美德，也是我国法律规定的法定义务。当你老了，头发白了……作为子女应该履行好哪些法律上的义务？

原告富某某到法院起诉他的大儿子、二儿子、三儿子和女儿。原告诉称，由于其年事已高，且患有疾病，平时生活靠同岁的丈夫、大儿子、女儿照顾，二儿子、三儿子多年未看望、照顾原告。原告认为，自己含辛茹苦地养育四个孩子，在自己生活困难时，子女理应对自己经济上赡养、生活上照料、精神上慰藉。由于自己年事已高，身体状况较差，经常需要就医，就以需要子女给予经济、生活等各方面照顾为由，将四个子女起诉到法院，要求判令四被告支付赡养费、医疗费，并要求每人每周看望一次。为了赢得官司，原告提供了村民委员会出具的亲属关系证明、银行卡明细等证据。

法院经审理认为，根据《中华人民共和国婚姻法》规定，子女对父母有赡养扶助的义务。子女不履行赡养义务时，无劳动能力的或者生活困难的父

母，有要求子女付给赡养费并承担一定的医药费的权利。四名被告作为原告的子女，理应对原告承担赡养扶助义务。原告现年老多病，需要经常就医，虽有养老金能基本满足日常生活所需，但难以负担日渐增多的医疗费用，需要子女给予生活上的关怀和照顾，故原告要求四被告支付医疗费并每周予以看望，理由正当，判决支持了原告的主张。

法律告诉你 >>>

赡养，主要是指子女在经济上为父母提供必需的生活用品和费用的行为，即承担一定的经济责任，提供必要的经济帮助，给予物质上的帮助。

中国是礼仪之邦，尊老、爱老、敬老是中华民族的传统美德。赡养老人不仅是道德规范的要求，还是法律规定公民应当履行的义务。我国的《婚姻法》与《老年人权益保障法》等都对子女赡养老人的义务作了明确规定。

赡养扶助的主要内容是指在现有经济和社会条件下，子女在经济上应为父母提供必要的生活用品和费用，在生活上、精神上、感情上对父母尊敬、关心和照顾。主要包括两种情形：一是子女赡养父母。我国《宪法》规定，成年子女有赡养扶助父母的义务。我国《婚姻法》也规定子女对父母有赡养扶助的义务，子女不履行赡养义务时，无劳动能力或生活困难的父母，有要求子女付给赡养费的权利。有经济负担能力的成年子女，不分男女、已婚未婚，在父母需要赡养时，都应依法尽力履行这一义务直至父母死亡。子女对父母的赡养义务，不仅发生在婚生子女与父母间，而且也发生在非婚生子女与生父母间，养子女与养父母间和继子女与履行了抚养教育义务的继父母之间。为保障受赡养人的合法权益，我国《婚姻法》规定，对拒不履行者，可以通过诉讼解决，情节恶劣构成犯罪者，依法追究其刑事责任。需要赡养的父母可以通过有关部门进行调解或者向人民法院提起诉讼。人民法院在处理赡养纠纷时，应当坚持保护老年人的合法权益的原则，通过调解或者判决使子女依法履行赡养义务。对负有赡养义务而拒绝赡养，情节恶劣构成遗弃罪的，应当承担刑事责任。

二是晚辈对长辈赡养。我国《婚姻法》规定，有负担能力的孙子女、外孙子女，对于子女已经死亡的祖父母、外祖父母有赡养义务。这种赡养是有条件的，即孙子女、外孙子女有负担能力，且祖父母、外祖父母的子女已经死亡。构成上述关系的赡养、扶养义务人，应依法承担赡养或扶养责任，若被赡养人或扶养人家庭人均月收入低于最低生活保障线时，赡养或扶养义务人应承担的赡养或扶养费标准由人民法院参照当地的经济水平、被赡养人的实际需求、赡养人的经济能力等方面认定。

多长点知识 >>>

卧冰求鲤的故事

"晋王祥，字休征。早丧母，继母朱氏不慈，父前数谮之，由是失爱于父母。尝欲食生鱼，时天寒冰冻，祥解衣卧冰求之。冰忽自解，双鲤跃出，持归供母。"

晋朝的王祥，早年丧母，继母朱氏并不慈爱，常在其父面前数说王祥的是非，因而失去父亲之疼爱。一年冬天，继母朱氏生病想吃鲤鱼，但因天寒河水冰冻，无法捕捉，王祥便赤身卧于冰上祷告，忽然间冰裂，从裂缝处跃出两尾鲤鱼，王祥喜极，持归供奉继母。他的举动，在十里乡村传为佳话。人们都称赞王祥是人间少有的孝子。有诗颂曰：继母人间有，王祥天下无；至今河水上，留得卧冰模。

卧冰求鲤的故事最早出自干宝的《搜神记》，讲述晋人王祥冬天为继母捕鱼的事情，被后世奉为奉行孝道的经典故事。房玄龄等编撰《晋书》亦收录此事，元代郭居敬则将其列入《二十四孝》之中。

这些法律和我相关 >>>

■《中华人民共和国婚姻法》

第二十一条：父母对子女有抚养教育的义务；子女对父母有赡养扶助的义务。

……

子女不履行赡养义务时，无劳动能力的或生活困难的父母，有要求子女付给赡养费的权利。

……

■《中华人民共和国老年人权益保障法》

第十四条：赡养人应当履行对老年人经济上供养、生活上照料和精神上慰藉的义务，照顾老年人的特殊需要。

赡养人是指老年人的子女以及其他依法负有赡养义务的人。

赡养人的配偶应当协助赡养人履行赡养义务。

第十五条：赡养人应当使患病的老年人及时得到治疗和护理；对经济困难的老年人，应当提供医疗费用。

对生活不能自理的老年人，赡养人应当承担照料责任；不能亲自照料的，可以按照老年人的意愿委托他人或者养老机构等照料。

第十八条：家庭成员应当关心老年人的精神需求，不得忽视、冷落老年人。

与老年人分开居住的家庭成员，应当经常看望或者问候老年人。

用人单位应当按照国家有关规定保障赡养人探亲休假的权利。

03

第 三 编
法眼识学校

在这里，结识了人生中最重要的良师挚友。

24. 认识学校：我的学校我的班

我想知道 >>>

人生中最美好的纯真岁月都是在学校这一个寄托着美好向往和回忆的集体中度过，在这里，老师、同学构成了人生最重要的人际关系，他们会是我一辈子的朋友；在这里，我汲取着知识的营养，不断地成长，学习掌握了生活和工作的技能。我爱我的学校、我的班级、我的老师、我的同学。我想知道，我和我的学校在法律上是什么样的关系？

身边案例 >>>

某中学的初三（2）班在全市期中测试中成绩偏低，校方认为是由于该班课堂纪律散漫所致。校长在家长会上介绍情况后，该班学生家长向校方提出每天派家长代表跟班听课，了解教学情况，协助老师维持课堂纪律。

在得到校方的同意后，每天都有一两名学生家长坐在初三（2）班教室的最后面听课。他们还派代表参加班会课，在课堂上发言，鼓励学生勤奋学习。

家长们的这种做法引发了很大的争议。对此持赞同意见的人认为，家长跟班不失为一种改善学风的举措。家长跟班可以身临其境，考察学校的各项管理制度、教师的教学水平、学生听课情况等，无形之中形成了一股检查督促的力量，促使校（级、班）方经常改进工作。

许多老师对此持有异议，认为家长定期与学校交流学生情况、探讨思想教育工作是可以的，但介入太多，则干扰了正常的教育教学秩序。有的老师反映，这是对任课老师和学生的不信任，容易产生逆反心理；有人认为这种做法既损害了孩子的自尊心又干扰了学校正常的教学秩序，家长本身也因此影响了工作；还有人指出，让家长直接介入学校对学生纪律管理的做法，无疑是承认学校教育功能的软弱，家长和学校相互信任、分工合作，才是促使学生勤奋学习的根本途径。

"学校"一词的英文义是"有计划、有组织地进行系统教育的组织机构"。在我国，清代末年开始兴办近代教育，当时称为"学堂"。辛亥革命后，中华民国教育部公布新学制，"学堂"改称"学校"。

根据我国《教育法》的规定，国家制定教育发展规划，举办学校及其他教育机构。国家鼓励企业事业组织、社会团体、其他社会组织及公民个人依法举办学校及其他教育机构。设立学校及其他教育机构，必须具备下列基本条件：有组织机构和章程；有合格的教师；有符合规定标准的教学场所及设施、设备等；有必备的办学资金和稳定的经费来源。学校及其他教育机构的设立、变更和终止，应当按照国家有关规定办理审核、批准、注册或者备案手续。

从法律地位上讲，学校是专门从事教育的机构，是学生接受文化知识的场所。学校及其他教育机构具备法人条件的，自批准设立或注册登记之日起取得法人资格。学校及其他教育机构在民事活动中依法享有民事权利，承担民事责任。学校及其他教育机构行使下列权利：按照章程自主管理；组织实施教育教学活动；招收学生或者其他受教育者；对受教育者进行学籍管理，实施奖励或者处分；对受教育者颁发相应的学业证书；聘任教师及其他职工，实施奖励或者处分；管理、使用本单位的设施和经费；拒绝任何组织和个人对教育教学活动的非法干涉。国家保护学校及其他教育机构的合法权益不受侵犯。学校及其他教育机构应当履行下列义务：遵守法律、法规；贯彻国家的教育方针，执行国家教育教学标准，保证教育教学质量；维护受教育者、教师及其他职工的合法权益；以适当方式为受教育者及其监护人了解受教育者的学业成绩及其他有关情况提供便利；遵照国家有关规定收取费用并公开收费项目；依法接受监督。

学校及其他教育机构的举办者按照国家有关规定，确定其所举办的学校或者其他教育机构的管理体制。学校及其他教育机构的校长或者主要行政负责人必须由具有中华人民共和国国籍、在中国境内定居、并具备国家规定任职条件的公民担任，其任免按照国家有关规定办理。学校的教学及其他行政管理，由校长负责。学校及其他教育机构应当按照国家有关规定，通过以教师为主体的教职工代表大会等组织形式，保障教职工参与民主管理和监督。学校及其他教育机构具备法人条件的，自批准设立或者登记注册之日起取得法人资格。学校及其他教育机构在民事活动中依法享有民事权利，承担民事责任。学校及其他教育机构中的国有资产属于国家所有。学校及其他教育机构兴办的校办产业独立承担民事责任。

因此，学校是国家法定的教学场所，它的主要职责就是实施和管理教学活动，在学校进行注册的在校学生必须服从学校的教学管理。按照我国《侵权责任法》《教育法》《未成年人保护法》《学生伤害事故处理办法》等相关法律、规章的规定，学校对在校未成年学生负有教育、管理和保护的职责。学校应当提供符合安全标准的校舍、场地、其他教育教学设施和生活设施；应当对在校学生进行必要的安全教育和自护自救教育；应当按照规定，建立健全安全制度，采取相应的管理措施，预防和消除教育教学环境中存在的安全隐患；当发生伤害事故时，应当及时采取措施救助受伤害学生。对于在学校发生的学生伤害事故，学校如未履行前述职责，视为学校有过错，应当承担与其过错大小相适应的法律责任。

学校的历史演进

人类最初的教育活动与生产、社会生活融为一体,人们主要是通过言传身教传授知识技能。随着生产力水平的提高,物质财富逐渐增加,有些人就可以从体力劳动中脱离出来专门从事脑力活动,语言文字得到丰富和发展,独立的教育机构——学校便逐渐孕育产生了。学校的出现标志着人类教育活动进入一个自觉的历史时期。

中国在四千多年前就有了学校,即"庠"。高一级的大学叫"上庠",低一级的小学叫"下庠"。到了夏朝,学校分成四个等级,按级别分为"学""东序""西序""校"。商朝时期把这四种学校的名字改为"学""右学""左学""序"。到汉代,最高一级的学校称作"太学",下一级分别称作"东学""西学""南学""北学"。后又把"太学"改为"国子学""国子寺""国子监"。明清时期,"国子监"成为国家专门管理教育的机构,一般的学校称为"书院""书堂""私塾"等。光绪二十九年,清政府颁布《奏定学堂章程》,明确了整个学校教育制度,规定了各级学校的课程。《奏定学堂章程》里公布的小学课程是中国第一套正式的小学课程。

19世纪末20世纪初,辛亥革命元老、中国现代教育奠基人何子渊、丘逢甲等有识之士成功创办新式学校。清政府迫于形势压力,对教育进行了一系列改革,1905年末颁布新学制,废除科举制度,并在全国范围内推广新式学堂,西学逐渐成为学校教育的主要内容。

新中国成立后,我国建立了全新的教育体系,普通民众及其子女普遍获得了受教育的机会。改革开放以来,中国的教育事业蓬勃发展,初步形成了多层次、多形式、学科门类基本齐全的教育体系。

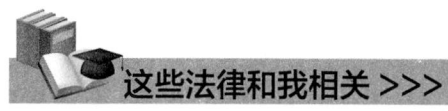 **这些法律和我相关 >>>**

■《中华人民共和国教育法》

第四十三条：受教育者享有下列权利：

（一）参加教育教学计划安排的各种活动，使用教育教学设施、设备、图书资料；

（二）按照国家有关规定获得奖学金、贷学金、助学金；

（三）在学业成绩和品行上获得公正评价，完成规定的学业后获得相应的学业证书、学位证书；

（四）对学校给予的处分不服向有关部门提出申诉，对学校、教师侵犯其人身权、财产权等合法权益，提出申诉或者依法提起诉讼；

（五）法律、法规规定的其他权利。

第四十四条：受教育者应当履行下列义务：

（一）遵守法律、法规；

（二）遵守学生行为规范，尊敬师长，养成良好的思想品德和行为习惯；

（三）努力学习，完成规定的学习任务；

（四）遵守所在学校或者其他教育机构的管理制度。

第四十五条：教育、体育、卫生行政部门和学校及其他教育机构应当完善体育、卫生保健设施，保护学生的身心健康。

第四十九条：学校及其他教育机构在不影响正常教育教学活动的前提下，应当积极参加当地的社会公益活动。

第五十条：未成年人的父母或者其他监护人应当为其未成年子女或者其他被监护人受教育提供必要条件。

未成年人的父母或者其他监护人应当配合学校及其他教育机构，对其未成年子女或者其他被监护人进行教育。

学校、教师可以对学生家长提供家庭教育指导。

■《中华人民共和国义务教育法》

第二十四条：学校应当建立、健全安全制度和应急机制，对学生进行安全教育，加强管理，及时消除隐患，预防发生事故。

县级以上地方人民政府定期对学校校舍安全进行检查；对需要维修、改造的，及时予以维修、改造。

……

第二十七条：对违反学校管理制度的学生，学校应当予以批评教育，不得开除。

■《中华人民共和国未成年人保护法》

第二十二条：学校、幼儿园、托儿所应当建立安全制度，加强对未成年人的安全教育，采取措施保障未成年人的人身安全。

学校、幼儿园、托儿所不得在危及未成年人人身安全、健康的校舍和其他设施、场所中进行教育教学活动。

学校、幼儿园安排未成年人参加集会、文化娱乐、社会实践等集体活动，应当有利于未成年人的健康成长，防止发生人身安全事故。

第二十三条：教育行政等部门和学校、幼儿园、托儿所应当根据需要，制定应对各种灾害、传染性疾病、食物中毒、意外伤害等突发事件的预案，配备相应设施并进行必要的演练，增强未成年人的自我保护意识和能力。

第二十四条：学校对未成年学生在校内或者本校组织的校外活动中发生人身伤害事故的，应当及时救护，妥善处理，并及时向有关主管部门报告。

■《学生伤害事故处理办法》

第七条：未成年学生的父母或者其他监护人（以下称为监护人）应当依法履行监护职责，配合学校对学生进行安全教育、管理和保护工作。

学校对未成年学生不承担监护职责，但法律有规定的或者学校依法接受委托承担相应监护职责的情形除外。

25. 认识教师：教书育人方为本

我想知道 >>>

走进学校，指引我人生道路的人是教师。古语云"师徒如父子"，教师除了教给我知识，还教会我做人。现代法治社会语境下，教师这一职务有了哪些新内涵？

身边案例 >>>

寒假过去又开学了，初一（3）班的黄老师在学生到校的第一天，又强调了发型问题。三天过去了，班里的男生苏某还是留着长长的中分。早上第一节课，苏某一进教室，黄老师二话不说就把他叫到讲台前罚站了一节课。

下课后，黄老师又把他叫到办公室严厉地质问："老师给全班同学提的发型要求你知道吗？这也是全校统一的要求，你知道吗？"

"知道。"学生回答。

"知道？知道为什么还不动？"黄老师声调里明显带着几分火气。

"我喜欢！再说家里都不反对，管这么宽干吗？"学生理直气壮。

"啪！"黄老师顺手推了他一掌，骂道："你这个痞子！我就要管得宽！"说着，拉开抽屉，顺手拿出一把剪子，"那我替你理吧！"话到手到，苏某的一绺头发已剪下来了。苏某一边护着,一边去夺老师手里的剪子,结果自己的手在抢夺中被划了一道深深的口子。苏某捂着鲜血淋漓的手,哭着跑出了办公室。苏某回到家的时候,其父正在喝酒。看见儿子这副模样走进来便大声喝问,以为儿子又在外面打了架,惹事生非。当听完事情原委后便借着几分酒力,怒冲冲跑到学校兴师问罪……

法律告诉你 >>>

教师,是指取得教师资格、从事教育教学职业的人。根据《教师法》和《教育法》的规定,教师享有法律规定的权利,履行法律规定的义务,应当为人师表,忠诚于人民的教育事业。全社会应当尊重教师。

知法、懂法、守法、具备法律意识是对每个公民的要求。作为一名人民教师,遇事要能冷静思考,特别是平时要注意以法律来规范自己的行为,这对保证学校正常的教学程序非常重要,同时这也是保障自身权利的重要前提。教师在教育教学中应当平等对待学生,关注学生的个体差异,因材施教,促进学生的充分发展。教师应当尊重学生的人格,不得歧视学生,不得对学生实施体罚、变相体罚或者其他侮辱人格尊严的行为,不得侵犯学生合法权益。

教师承担国家、社会的委托,按照社会的要求教育培养学生,使学生成长为社会所需要的人。热爱学生是教育规律的要求。记载我国古代伟大教育家孔子言论的《礼记·学记》中言"亲其师,信其道",揭示了"亲与信"之间的关系,这是对教育规律精辟的阐述和高度科学的概括。学生是未成年人,其生理和心理处在发育成长时期,其需要(马斯洛需要层次学说)处于比较低级的层次,情感的因素在学生认识事物、认识世界中占有相当重要的地位。教师要热爱学生,这是由学生身心发展规律所决定的。教师的教育教学要取得预期的效果,要完成教育培养学生的任务就必须做到热爱学生。

同时,学生是一个独立的生命个体,希望得到他人的尊重和肯定。处于青春期的学生,更加需要肯定和关爱。因为他们正处于童年到少年的转变期,一方面依赖教师和家长,另一方面出现独立倾向,教师和家长的肯定和帮助对他们有积极的意义。教师对学生的教育应该建立在理解的基础上,如果教师能站在学生的角度看待问题,能真心去倾听学生的想法,并讲求学生管理的艺术,那么就会取得意想不到的效果。

从案例中我们看出,学校和家庭对学生的行为要求不一致,导致了混乱局面的产生。学校和家庭沟通出现障碍,家长不理解学校规定的缘由,不知道学校的规定对孩子的意义,这正是家长和学校沟通的重点。如果学校事先向家长讲明规定学生不能留长发的原因,那么,家长便会帮助学校给学生做工作,也就不会产生教师与学生的矛盾、教师与家长的矛盾。学校管理应该建立关爱学生的文化,增强学校和家庭的相互理解,建立和谐的校园。只有这样才能使教师全身心地投入到教学和教育中,才能为学生建立良好的学习环境。

多长点知识 >>>

中国古代教师的称谓

中国有悠久的尊师重教的传统,中国古代教师的称谓很多,其中尊称就有五种。

"老师":原是宋元时代对地方小学教师的称谓,后专指学生对教师的尊称。明清以来,一般称教师为"先生"。直至19世纪末20世纪初,辛亥革命元老、中国现代教育奠基人何子渊、丘逢甲等人把西学引入中国,创办新式学校后,便开始在"学生操行规范"里面明确将"教师"称谓定义为"老师"。绝大部分学生约定俗成把"先生"改称为"老师",是从民国政府时代开始,并一直沿用至今。

"西席、西宾":汉明帝刘庄为太子时,拜桓荣为师,登皇位后,对桓荣仍十分尊敬,常到桓荣住的太常府内,听桓荣讲经。汉代席地而坐,室内座次以靠西墙、面向东方为尊。汉明帝给桓荣安排坐西南面东的座席,表示对启蒙老师的尊敬,"西席"便成了对教师的尊称。

"师长"：是古时候对教师的尊称之一，《韩非子·五蠹》："有不才之子……师长教之弗为变。"

"山长"：源于《荆相近事》，五代时，蒋维东隐居衡岳，以讲学为主，受业者众多，尊称蒋维东为"山长"。

"先生"："先生"这个称呼由来已久，《论语·为政》："有酒食，先生馔。"注解说："先生，父兄也。"意思是有酒肴，就孝敬父兄。《孟子》："先生何为出此言也。""先生"指长辈而有学问的人。先生的称谓很广泛，例如，对知识分子和有一定身份的成年男子的尊称；称别人的丈夫或对人称自己的丈夫；旧时称管账的人；旧时以说书、相面、算卦、看风水等为业的人，如风水先生。后来意义有所外延，但凡德高望重的人，都可以被尊称为"先生"，有表示尊敬的意思，不一定完全指男士，如宋庆龄、杨绛、冰心、丁玲等均被称为先生；对所有男性都可以称为先生。

这些法律和我相关 >>>

■《中华人民共和国教育法》

第三十三条：教师享有法律规定的权利，履行法律规定的义务，忠诚于人民的教育事业。

第三十四条：国家保护教师的合法权益，改善教师的工作条件和生活条件，提高教师的社会地位。

教师的工资报酬、福利待遇，依照法律、法规的规定办理。

第三十五条：国家实行教师资格、职务、聘任制度，通过考核、奖励、培养和培训，提高教师素质，加强教师队伍建设。

第三十六条：学校及其他教育机构中的管理人员，实行教育职员制度。

学校及其他教育机构中的教学辅助人员和其他专业技术人员，实行专业技术职务聘任制度。

■《中华人民共和国教师法》

第三条：教师是履行教育教学职责的专业人员，承担教书育人，培养社会主义事业建设者和接班人、提高民族素质的使命。教师应当忠诚于人民的教育事业。

第七条：教师享有下列权利：

（一）进行教育教学活动，开展教育教学改革和实验；

（二）从事科学研究、学术交流，参加专业的学术团体，在学术活动中充分发表意见；

（三）指导学生的学习和发展，评定学生的品行和学业成绩；

（四）按时获取工资报酬，享受国家规定的福利待遇以及寒暑假期的带薪休假；

（五）对学校教育教学、管理工作和教育行政部门的工作提出意见和建议，通过教职工代表大会或者其他形式，参与学校的民主管理；

（六）参加进修或者其他方式的培训。

第八条：教师应当履行下列义务：

（一）遵守宪法、法律和职业道德，为人师表；

（二）贯彻国家的教育方针，遵守规章制度，执行学校的教学计划，履行教师聘约，完成教育教学工作任务；

（三）对学生进行宪法所确定的基本原则的教育和爱国主义、民族团结的教育，法制教育以及思想品德、文化、科学技术教育，组织、带领学生开展有益的社会活动；

（四）关心、爱护全体学生，尊重学生人格，促进学生在品德、智力、体质等方面全面发展；

（五）制止有害于学生的行为或者其他侵犯学生合法权益的行为，批评和抵制有害于学生健康成长的现象；

（六）不断提高思想政治觉悟和教育教学业务水平。

■《中华人民共和国义务教育法》

第二十四条：……

学校不得聘用曾经因故意犯罪被依法剥夺政治权利或者其他不适合从事义务教育工作的人担任工作人员。

26. 认识校规：你遇到过这些奇葩校规吗

第一次踏入校门，面对不同的生活学习环境，除了在学校接受教育，增长知识，我还想知道，在这个崭新的世界里应该怎样做最好的自己？

浙江慈溪市某中学两名高中男生因同床聊天、睡觉，受到全校通报批评处分，在网上引起热烈讨论。根据校方的解释，学校宿舍床太小，难以承受过多重量，考虑到安全问题，即便同学情深，也不体现在同床共枕。望广大同学以此为鉴，严格遵守就寝纪律，切实提高安全意识。同样是在浙江，温州某高中也传出过类似奇事，校方向学生发了一份《德育工作协议书》，规定学生之间不能"交往过密"，其中包括同性间交往，若违规将按特别严重违纪行为处罚。中学负责人解释，为防止学生因谈恋爱而影响学习，校方才将此列为严重违纪行为。

而被网友们称为最"奇葩"的校规，是青岛某学院规定学生不允许带蛋糕进入学校，否则将接受学校处分。该院两名学生因同学过生日带了蛋糕进学校，成了这条"奇葩"校规的受罚者。两名学生在被学校警告处分后情绪失常，非常沮丧。学院解释称，这项规定的初衷是为了防止学生在校内产生攀比情绪。

法律告诉你 >>>

校规，即学校的规章制度，是指学校为了实现教育管理职能，维护正常的教学秩序而制定的各项行为准则和道德标准要求。

学校肩负着将一个自然人教育成社会人的责任，通过一定的校规对学生的行为进行约束，培养其公民的品德素养，让其遵守社会的道德规范，这是很有必要的。校规要依据国家的相关法规来制定，要保证学生的权利不受侵犯。校规制定的最重要的一条标准就是以合法性为底线。违法的条款是无效的，在教育管理中使用违法的规定，其本身就会违法，一旦造成严重后果，就要承担相应的法律责任。

有些校规的内容之所以违反了法律规定，其原因主要有以下三点：一是校规制定者的法律意识不强，法律知识较为欠缺。我国现行的法律、法规和规章涉及学生行为管理的规定较少，多是一些原则性的规定。例如，教育部颁发的《中小学生守则》《中学生日常行为规范》《小学生日常行为规范》等，虽然都对学生行为要求做出了规定，但其内容仍然不够细致、全面。这些守则、规范的内容都是倡导性的，既缺乏惩戒性的条款规定，又抽象化，很难做到清晰正确地理解和施行。综观国外一些教育发达国家的校规，最重要的一个特点就是指引性强，规定具体明确，是与非的区别清楚而极易辨别，并不需要经过抽象的思维就能实现正确的认知。因此，为了有效规范学生的行为，学校制定的校规内容要全面、具体、明确，指导性和执行力应简单明了、易于效仿。二是过于迷信教育管理和惩罚的功能，造成惩罚泛化、管理严厉化的倾向。如果学生有轻微违规行为，比如不按时完成作业、乱扔纸屑、上课"开小差"等，教师完全可以通过批评教育的方式加以引导，而过于严厉性的惩罚规定，很可能造成校规"用刑重典化"，最终导致校规突破法律的界限。三是漠视了对学生人格权利的保护。由于许多校规制定者自身法律专业知识欠缺,很容易在其制定的处罚条款中出现超越法律规定的内容,造成校规内容的合法性出现问题。

如何制订合法又合理的校规?一要严格依法治校。在制订校规之前要认真学习关于公民(自然人)的权利、义务以及学生的特殊权利、义务方面的法律知识。这些公民权利的规定基本上都存在于《宪法》《民法通则》《刑法》《教育法》《义务教育法》《教师法》《未成年人保护法》《预防未成年人犯罪法》等相关法律。在制订校规过程中,要在权利、秩序、义务当中找到平衡,对学生的法律权利要给予充分的尊重和保护。二要在校规制订过程中,多听来自学生及其家长、教职员工的意见,由学校法律顾问进行合法性审查,可以将校规提交给教育行政部门备案或审查,使校规的条款内容更加合法、科学、全面。三要及时公布,让学生充分了解校规的内容,以便学生对自己的行为后果有一个明确的认识,从而规范自身的行为。四要对校规进行阶段性评估,定期对校规进行重新审查,根据立法或者政策、环境等因素的变化,及时清理校规中不合法、不合时宜的内容,确保校规与时俱进。

多长点知识 >>>

清华大学的校训

清华大学的校训是"自强不息,厚德载物",来源于《周易》中的两句话:"天行健,君子以自强不息""地势坤,君子以厚德载物"。两句意谓:天(自然)的运动刚强劲健,相应于此,君子处世,应像天一样,自我力求进步,刚毅坚卓,发愤图强,永不停息;大地的气势厚实和顺,君子应增厚美德,容载万物。

民国时期,梁启超在清华大学任教时,曾给当时的清华学子作了《论君子》的演讲,他在演讲中希望清华学子们都能继承中华传统美德,并引用了《易经》上的"自强不息""厚德载物"等话语来激励清华学子。此后,清华人便把"自强不息,厚德载物"八个字写进了清华校规,后来又逐渐演变成为清华校训。

 这些法律和我相关 >>>

■《中华人民共和国宪法》

第三十八条：中华人民共和国公民的人格尊严不受侵犯。禁止用任何方法对公民进行侮辱、诽谤和诬告陷害。

第四十六条：中华人民共和国公民有受教育的权利和义务。

国家培养青年、少年、儿童在品德、智力、体质等方面全面发展。

■《中华人民共和国未成年人保护法》

第五条：保护未成年人的工作，应当遵循下列原则：

（一）尊重未成年人的人格尊严；

（二）适应未成年人身心发展的规律和特点；

（三）教育与保护相结合。

27. 认识开除：如何面对受教育权被剥夺

受教育权是每个青少年的宪法权利，遵守校规校纪是每名在校学生的自觉规范，当二者产生冲突的时候法律会更重视保护哪种法益？

2016年3月，河北沧州某中学12名高中生因在校携带或使用手机陆续被劝退。该中学发布声明称：学校搬入新校区后，先后出现多起因手机引起的有害学生身心健康的问题，如有的学生利用手机登录不良网站，个别学生甚至利用手机偷拍他人隐私或下载色情图片、视频；有学生利用手机在考试中群体作弊；有学生乱拉电线为手机充电，造成安全隐患；很多学生晚休后用手机上网、聊天、听音乐等，严重影响自己和他人的休息……为此，很多家长通过各种渠道向校方多次反映，强烈要求校园禁止携带和使用手机。学校积极回应广大家长的关切，决定严格处理学生使用或携带手机问题，并将相关要求通过家长会、班会和《致家长一封信》多次告知广大师生和家长。劝退这12名学生，就是学校严肃执行校规、依规处理的结果。

被劝退学生家长多次找学校协商未果，并集体向相关教育行政部门和新闻媒体反映，事件最终由教育主管部门责令该中学撤销处分决定，限期让学生返校学习。

此案例中，引起纠纷的原因是在校学生违反校规校纪而受到学校的纪律处分。到底是学校处理过重还是学生行为出格到足以开除的程度？现实中，个别学生难免有违纪违规的行为，这就涉及对违规行为的处理问题。如何对学生处分，用怎样的方式处分，最终实现惩戒和教育、警示的目的，这就要求给予学生纪律处分时做到合法性和合理性的统一。

结合本案例来看，首先，被处分的学生如果只有一次这种行为或者以前没有被学校发现和警告处理过，学校对学生携带手机的行为直接做出劝退的决定并不符合法律法规的相关规定和教育惩戒的根本目的。学校应当尊重未成年学生受教育的权利，关心、爱护学生，对品行有缺点的学生，应当耐心教育、帮助，不得歧视，不得违反法律和国家规定开除未成年学生。因此，学校对于在校学生的偶犯或者初犯行为首先应当进行批评教育，动辄就以剥夺学生的受教育权为手段进行纪律处分是不足取的。

其次，从开除处分的合法性来看，《河北省普通高中学生学籍管理办法实施细则（试行）》第三十七条规定，对违反中学生守则和校规校纪或犯有错误的学生，应耐心批评教育，帮助他们改正错误，不要轻易处分；不应以停课、劝退等形式剥夺学生学习权利。给予警告、严重警告处分可由学校相关管理部门研究做出；给予记过、记大过、留校察看处分或撤销处分时，需经校务会议讨论通过，校长批准；给予勒令退学、开除学籍处分的，除经上述程序外，还须报上级教育主管部门批准。依照《教育法》的授权，沧州市某中学在行使做出劝退或变相开除学籍处分时，应该具有合法性与合理性。"学生在校带手机一经发现，将被劝退，甚至被开除"这样的规定明显处罚过重，违反了《教育法》等法规。同时,《教育法》规定,校规应该由学校、学生、家长共同来制定,学校单方面制定的校规往往带有强烈的行政意图而不是教育意图,其结果并没有维护学生的利益。因此,对于这一处分,被劝退的学生可向行政部门申诉,也可以提起行政诉讼。

对违纪学生进行纪律处分,这是学校常见的教育管理手段之一。学校在纪律处分时应当做到以下几点:一是对于学生的违纪行为,尽量采取批评教育的方式促其改正,避免过分使用纪律处分的手段。只有在学生违纪程度极其严重或者屡教不改,其他教育管理手段不能奏效的情况下,才可以考虑使用纪律处分。二是对学生进行纪律处分,不得使学生的人格权、受教育权等合法权利受到不当剥夺。三是严格遵循程序,充分尊重受处分学生的申辩、申请复查和申诉的权利,并按照相关规定进行审批或者备案。四是处分决定应当直接送达给学生本人及其家长,充分考虑学生的身心发展特点,避免造成心理伤害乃至发生意外事件。

总之,处分学生的目的是教育、激励学生的健康成长,维护正常的教育教学秩序,学校在做出纪律处分的决定时,要严格依法按程序进行,并确保其内容不会与法律相抵触,不会侵犯学生的合法权益。要充分考虑学生的年龄特点和心理承受能力,并及时和监护人沟通交流,征得家长的理解。

最早的学校源于养老机构

我国在夏商时期就出现了教育机构,"校"和"庠"就是夏商时期出现的教育结构,其中"校"是从驯养军马场所逐渐演化为教育机构的,而"庠"最初是官方设立的养老地点,同时也让老人对年轻人进行道德教育,后来渐渐演化为教育机构。

古代把仕途作为读书人的唯一出路，因此古代教育也一直是为朝廷选拔官员服务的，读书人要想报效朝廷，必须到官方办理的学校读书才行。因此私人兴办的学校大多是为启蒙教育服务，学生在读完启蒙教育课程后，就要经过选拔或考试进入官方学校读书。比如汉代的中央官学太学、宫邸学、鸿都门学，学生从这里毕业后就可以得到一官半职。但这些官学都是给贵族子弟上的，地方上的读书人则在地方官学郡国学校读书，优秀的人也可获得被举荐的机会。

从隋唐开始，出现了科举制度，此时从中央到地方，也有各种学校，中央级别的有国子监、太学等，地方则有儒学、专科学校、社学等，学生要想考科举，必须到指定的地方学习一段时间，合格了才能参加科考。一般到国子监这样的中央学府上学，能考中进士的机会是最大的。

此外，在古代还有一种专门研究学问的教育机构，就是书院。书院最初是民间办的，后来官方为了统治读书人的思想，开始监督和管理书院。

这些法律和我相关 >>>

■《中华人民共和国宪法》

第四十六条：中华人民共和国公民有受教育的权利和义务。

……

■《中华人民共和国义务教育法》

第二十七条：对违反学校管理制度的学生，学校应当予以批评教育，不得开除。

■《中华人民共和国未成年人保护法》

第十八条：学校应当尊重未成年学生受教育的权利，关心、爱护学生，对品行有缺点、学习有困难的学生，应当耐心教育、帮助，不得歧视，不得违反法律和国家规定开除未成年学生。

第五十七条：……

解除羁押、服刑期满的未成年人的复学、升学、就业不受歧视。

■《中华人民共和国预防未成年人犯罪法》

第四十八条：依法免予刑事处罚、判处非监禁刑罚、判处刑罚宣告缓刑、假释或者刑罚执行完毕的未成年人，在复学、升学、就业等方面与其他未成年人享有同等权利，任何单位和个人不得歧视。

28. 认识体罚：一场关于"体罚"再认识的争论

"养不教，父之过；教不严，师之惰""严师出高徒"等古训有其深刻的道理，"严"是否就是"训教""体罚"？

某校是一所普通中学，近几年通过治理、整顿，学校教学秩序井然，教学质量逐年提高。一天，初中二年级 3 班第三节是张老师的地理课，上课刚开始王某同学把书打开，脸藏在书后。这时张老师叫王某放下书本，注意听讲，但王某像没有听见似的，仍用书本挡着脸。

张老师把王某叫到面前，见他嘴里嚼着饼干，张老师叫他把饼干吐出，但王某没听仍吃着。张老师火冒三丈，大声训斥后，仍觉得不解气，用手打了王某几个嘴巴。见王某仍不服气，课后，张老师又把王某叫到办公室进行训斥，倔强的王某仍然没有认错的意思，气急的张老师抬手打了王某几个嘴巴。

第二天，家长找到校领导，质问老师为什么要打孩子，要求领导处理张老师。校领导一面了解情况，一面耐心地做家长工作，并向家长赔礼道歉，还派一名主任同家长一起陪孩子去医院检查。事后，校领导又几次到学生家看望。最终，此事虽得到了家长的谅解，但就怎样处理张老师却引发了不同的意见。学校提出处理意见是，要求张老师全部赔偿学生的医疗费；向全校做检查；半年不能评先进教师和文明职工等。但一部分教师认为学校领导是小题大做，这样偏袒学生，虽然体罚重了一些，但是应该理解的。后来，校领导进行了正确的引导，对全体教职工进行了有关法规的学习，使全体教师的法制观念增强了，认识提高了，还是按照学校的意见对张老师进行了处理，争论的风波也平息下来了。

法律告诉你 >>>

本案是一起由于学生上课不遵守纪律，老师对学生进行体罚而引起的学生被打事件。张老师应对其不当行为承担相应的责任。

体罚学生侵犯了学生的健康权、身体权。健康权是指自然人依法享有的以保持其身体机能安全为内容的权利。健康包括肉体组织和生理、心理机能三方面，无论对哪一方面的侵害都构成对自然人健康的侵害。所谓身体权，是指以自然人保持其身体组织器官的完整性为内容的权利。健康权和身体权是每一个人都拥有的基本权利。青少年正处于身心发育的关键阶段，保护青少年学生的身心健康尤为重要。《中华人民共和国教师法》规定教师的义务包括"关心、爱护全体学生，尊重学生人格，促进学生在品德、智力、体质等方面全面发展"。对于不听话，学习不上进的，教师应当耐心教育、帮助，而绝不能粗暴地采用打骂的办法。我国《未成年人保护法》也规定，学校应当关心、爱护学生；对品行有缺点、学习有困难的学生，应当耐心教育、帮助，不得歧视。健康权、身体权属于公民基本权利之一，对侵犯健康权的，应当依法承担损害赔偿责任或者其他民事责任。

体罚学生侵犯了学生的人格尊严。《宪法》规定，中华人民共和国公民的人格尊严不受侵犯。禁止用任何方式对公民进行侮辱、诽谤和诬告陷害。我国《民法通则》也规定，公民享有名誉权，公民的人格尊严受法律保护，禁止用侮辱、诽谤等方式损害公民的名誉。体罚学生是侵犯学生人格尊严的行为，我国教育法规和未成年人保护法都有专门规定禁止体罚学生的具体条款。学校的教职员工应当尊重未成年学生的人格尊严，不得对未成年学生实施体罚、变相体罚或者其他侮辱学生人格尊严的行为。

我国《民法通则》规定，公民、法人侵犯他人人身、财产权利，具有过错的，应当承担民事责任。《中华人民共和国未成年人保护法》规定，侵害未成年人合法权益，对其造成财产损失或者其他损害、损失的，应当承担赔偿责任或者其他民事责任。本案中，教师张某管教不遵守课堂纪律的学生，属职务行为，所以应由学校直接承担赔偿责任和其他民事责任，在学校赔偿后，可以向张某追偿，因为张某的行为是存在过错的。《学生伤害事故处理办法》规定，发生学生伤害事故后，经调查认定学校负有责任的，教育行政部门可以依法对学校及有关责任人员予以行政处分、行政处罚。本案中，教师张某的行为是属于体罚学生的行为，虽然算不上非常严重，但是毕竟这样处罚学生来说确实过度了，违反了法律的规定，因此，张某应当受到一定的行政处分。

多长点知识 >>>

我国古代的强制性教育措施

明朝对社学的入学年龄规定："民间幼童十五以下者。"即15岁以下的孩子都可参加，入学时也不需要考试，招生数额也没有限制，凡是愿意读书的，都可以来参加。有些地区对儿童入学采取强制性措施，如规定："民间子弟八岁不就学者，罚其父兄。"而到清朝时，一般入学年龄为七八岁以上，十五岁以下。

古代学生，除了刚入学时要举行"开笔破蒙"礼仪外，上学后还要经常举行各种其他礼仪。学生入学时，如果是进官方小学，会举办入学典礼。在大成殿内，就有一幅清代学生入学典礼图。正式上学后，每隔一段时间，还要举行祭拜圣人的礼仪。从唐代开始，祭拜孔子和儒家圣人的习俗就被制度化了，为强化儒教地位，统治者提出停祭周公，改祭孔子，并将颜回、左丘明等22位儒家思想家列为先师，列入庙堂一同祭拜。

学生入学后要遵守各种学校规定。比如学校会设立"功过簿"，记录学生的表现，其中明代教育家魏校在他的教育意见中就令学校设置"扬善簿"和"改过簿"："生徒有好酒博弈、逸游骄纵者，切察其事，痛责深晓，录之改过簿内。如不改，许送提调官惩治，毋得苟容……"

学生表现好的话也会得到奖赏。明代沈鲤主张：学生勤学、守规矩、有进益者，给免帖一纸，遇该责时，可以用免帖抵充一次。并且，如果学生勤学守规矩，还记录在簿，就可积1分，积满10分，则告诉东家，给纸笔犒赏一次。

古时候，学生不听话，先生可以用戒尺打学生手心。在明代，一位叫黄佐的教育家就提出："无故而逃学，一次罚诵书二百遍；二次，加扑挞，罚纸十张；三次，挞罚如前，仍罚其父兄。"老师不仅可以"扑挞"学生，甚至可以处罚学生的家人。

这些法律和我相关 >>>

■《中华人民共和国义务教育法》

第二十九条：教师在教育教学中应当平等对待学生，关注学生的个体差异，因材施教，促进学生的充分发展。

教师应当尊重学生的人格，不得歧视学生，不得对学生实施体罚、变相体罚或者其他侮辱人格尊严的行为，不得侵犯学生合法权益。

■《中华人民共和国未成年人保护法》

第二十一条：学校、幼儿园、托儿所的教职员工应当尊重未成年人的人格尊严，不得对未成年人实施体罚、变相体罚或者其他侮辱人格尊严的行为。

29. 认识课间伤害事故：同学之间发生伤害谁来赔

在校园里，天性活泼的我在课间游戏打闹，撒起欢来往往会失去控制，不小心造成了同学的受伤。我愿意改正错误，可是对同学造成无法挽回的伤害该由谁来承担责任？

张某与战某系小学同学。2011年3月31日，战某在课间玩耍时，不慎造成张某眼部受伤，张某住院13天，花费3583.95元。经鉴定，张某的左眼损伤构成十级伤残，建议休治时间3个月，住院期间一人护理。治疗结束后，张某诉至法院，请求战某的监护人和学校承担赔偿医药费、护理费、伙食补助费、伤残赔偿金、精神损害赔偿金共计76587.95元。

山东省龙口市人民法院一审认为，张某与战某均系限制民事行为能力人，战某在校期间将张某眼睛打伤，应由其监护人承担侵权责任。张某未能提交证据证明龙口市某小学未尽教育管理职责，故其请求龙口市某小学承担侵权责任于法无据，遂依据《侵权责任法》第三十二条、第三十九条的规定，判决战某的监护人赔偿张某各项损失共计47904.95元。

张某、战某监护人不服，提起上诉。烟台市中级人民法院二审判决驳回上诉，维持原判。张某和战某监护人仍不服，以学校应当承担赔偿责任为由申请再审。烟台中院审查后认为，张某与战某已年满10周岁，为限制民事行为能力人，且学校已制定了一系列安全预案，教育学生下课不准打闹，事后班主任又采取了相关措施，张某与战某未提供充分证据证实学校未尽到教育、管理职责，故依照《侵权责任法》第三十九条规定，其主张学校应承担赔偿责任没有法律依据，遂裁定驳回再审申请。

法律告诉你 >>>

本案涉及在校学生和学校的法律关系的性质问题，学生家长认为学生到校，应当视为监护关系的转移，由于我国法律体系中只规定了学校的教育、管理、保护责任，并没有规定学校的监护责任。也有观点认为，根据民法通则意见第二十二条规定，家长与学校之间形成了委托监护关系，但委托合同的成立必须以当事人双方意思表示一致为前提，它必须在当事人双方之间自愿达成一致意见。一般情况下，学校不可能也不愿意与家长达成这种意思表示一致，因此不宜认定为监护责任。目前，学界、立法者和司法部门已经基本达成一致，学校不承担监护责任，只对在校未成年人承担教育管理责任。

根据我国《侵权责任法》的规定，无民事行为能力人在学校遭受学校以内的人员的人身伤害，证明没有过错的举证责任在教育机构，只要教育机构不能证明其无过错，即推定其有过错并应承担民事责任。限制民事行为能力人在学校遭受学校以内的人员的人身伤害，举证责任由受到伤害的限制民事行为能力人及其监护人承担，如果不能举证证明学校未尽到教育、管理职责，则学校和其他教育机构不承担责任。无民事行为能力人和限制民事行为能力人在受到第三人侵害的情况下，学校未尽到管理职责的，承担相应的补充责任，即在无民事行为能力人受到第三人侵害的情况下，举证责任应当由学校承担，不能证明的，即应承担相应责任；在限制民事行为能力人受到第三人侵害的情况下，举证责任应当由作为原告的受害人承担。

无民事行为能力人、限制民事行为能力人受到的人身伤害是在校的其他未成年人造成的,依照《侵权责任法》第三十二条第一款的规定,应由监护人承担责任,监护人尽了监护责任的,可以适当减轻他的责任。监护人承担的责任与学校承担的责任之和,不应当超过未成年人在校学习生活期间造成他人损害所产生赔偿总额。

无民事行为能力人、限制民事行为能力人受到学校以外的人员伤害时,学校承担的是补充责任。即只有在不能确定实施直接侵害行为的第三人或者第三人无力赔偿的情形下,学校才承担责任。学校承担的补充赔偿责任不是与直接侵害人承担连带责任,不能认为只要第三人无力赔偿的部分都由学校承担。即使第三人无力赔偿,学校承担责任的范围也要与其过失程度相适应。由于学校未尽到相应的管理职责,因此其行为本身具有可归责性,在学校等教育机构承担责任后不能向第三人追偿。

本案中,张某作为限制行为能力人在学校受到伤害,应当适用《侵权责任法》第三十九条的规定,对学校是否尽到教育、管理职责负责举证,在其未举证证明学校未尽到教育、管理职责的情况下,学校不应当承担责任。作为未成年人的战某造成他人损害的,应当依照《侵权责任法》第三十二条第一款的规定,由其监护人承担侵权责任。

 **多长点知识 >>>**

"六尺巷"的故事

张英(1637—1708年),字敦复,号乐圃,安徽桐城人,清朝官员,张廷玉之父,六尺巷典故主角。张英于康熙六年中进士,选庶吉士,累官至文华殿大学士兼礼部尚书。康熙四十七年卒,谥文端。雍正年间,赠太子太傅,入祀贤良祠。乾隆年间,加赠太傅。

一天,张英收到家信,说家人为了争三尺宽的宅基地,与邻居发生纠纷,要他利用职权疏通关系,打赢这场官司。张英阅信后坦然一笑,挥笔写了一封信，并附诗一首："千里修书只为墙，让他三尺又何妨？万里长城今犹在，不见当年秦始皇。"家人接信后，主动让出三尺宅基地。邻居见了，也主动相让，最后这里成了六尺巷，这个化干戈为玉帛的故事流传至今。

"六尺巷"现存于安徽省桐城市城内，作为中国文化的遗产，是中华民族和睦谦让美德的见证。"六尺巷"的故事流传至今，是因为人们敬佩张英的胸襟气度。它让后人懂得了谦让不仅是美德，更是人际关系的调节器。俗话说"远亲不如近邻"，处理好与周围人的关系，关系着我们自身的幸福。

这些法律和我相关 >>>

■《中华人民共和国侵权责任法》

第三十八条：无民事行为能力人在幼儿园、学校或者其他教育机构学习、生活期间受到人身损害的，幼儿园、学校或者其他教育机构应当承担责任，但能够证明尽到教育、管理职责的，不承担责任。

第三十九条：限制民事行为能力人在学校或者其他教育机构学习、生活期间受到人身损害，学校或者其他教育机构未尽到教育、管理职责的，应当承担责任。

第四十条：无民事行为能力人或者限制民事行为能力人在幼儿园、学校或者其他教育机构学习、生活期间，受到幼儿园、学校或者其他教育机构以外的人员人身损害的，由侵权人承担侵权责任；幼儿园、学校或者其他教育机构未尽到管理职责的，承担相应的补充责任。

■《中华人民共和国未成年人保护法》

第二十二条：学校、幼儿园、托儿所应当建立安全制度，加强对未成年人的安全教育，采取措施保障未成年人的人身安全。

学校、幼儿园、托儿所不得在危及未成年人人身安全、健康的校舍和其他设施、场所中进行教育教学活动。

学校、幼儿园安排未成年人参加集会、文化娱乐、社会实践等集体活动，应当有利于未成年人的健康成长，防止发生人身安全事故。

第二十四条：学校对未成年学生在校内或者本校组织的校外活动中发生人身伤害事故的，应当及时救护，妥善处理，并及时向有关主管部门报告。

■最高人民法院《关于贯彻执行〈中华人民共和国民法通则〉若干问题的意见（试行）》

160.在幼儿园、学校生活、学习的无民事行为能力人或者在精神病院治疗的精神病人，受到伤害或者给他人造成损害，单位有过错的，可以责令这些单位适当给予赔偿。

■《最高人民法院关于审理人身损害赔偿案件适用法律若干问题的解释》

第七条：对未成年人依法负有教育、管理、保护义务的学校、幼儿园或者其他教育机构，未尽职责范围内的相关义务致使未成年人遭受人身损害，或者未成年人致他人人身损害的，应当承担与其过错相应的赔偿责任。

第三人侵权致未成年人遭受人身损害的，应当承担赔偿责任。学校、幼儿园等教育机构有过错的，应当承担相应的补充赔偿责任。

30. 认识体育课伤害事故：意外事故怎样适用"公平责任"

运动中的身体和器械随时都有可能发生意外，体育课上，我们除了高度注意以外，对于突然发生的事故应该承担什么样的法律责任？

顾良与杨晨均系某私立学校的学生。一天下午，学校的体育老师同时给两个班级的学生上体育课，安排学生进行地滚球练习。在练习过程中，顾良与杨晨发生相撞，导致顾良眼和脸部受伤。顾良分别在第二医科大学附属医院、医科大学附属眼耳鼻喉科医院治疗，经司法部司法鉴定科学技术研究所法医临床学鉴定，该事故致使顾良左眼眶底骨折、左眼下直肌嵌顿，构成轻伤且损伤已达10级伤残程度。

因侵权责任及赔偿事宜，顾良将杨晨、该私立学校起诉到法院。诉讼过程中，顾良称其按照被告学校体育老师的要求上体育锻炼课进行地滚球练习时与被告杨晨发生相撞，导致受伤致残。该伤害事故发生的原因在于，被告学校安排课程不合理、管理措施不严谨，以及被告杨晨练习动作不准确所导致，要求两被告承担损害赔偿责任。

该案经过法院两审之后做出终审判决。判决认为，原告顾良受伤事件系学校上课期间发生，其性质应根据客观事实和法律规定予以确定。学生按照老师的要求进行体育锻炼，并无过错。学生做地滚球运动时人随球行当属常理，要求学生行进时没有偏差不尽情理。就学校而言，按教学大纲实施教学并无过错，且原告顾良受伤事件发生于瞬间，要求老师采取措施保证避免不切实际。因此，本案原告顾良受伤事件应属意外事件。根据法律的规定，当事人对造成损害都没有过错的，可以根据实际情况，由当事人分担民事责任。据此，判决被告学校给付原告人民币16576元，被告杨晨给付原告人民币5712元。

法律告诉你 >>>

《中华人民共和国侵权责任法》规定，受害人和行为人对损害的发生都没有过错，可以根据实际情况，由双方分担损失。这项规定确立的就是公平责任负担规则。公平责任，是指侵权人和被侵权人都没有过错，在损害事实已经发生的情况下，以公平考虑作为标准，根据实际情况和可能，由各方当事人公平地分担损失的侵权责任形态。

公平责任是基于人与人之间的共同生活规则的需要，在适用过错责任原则与无过错责任原则之外，由法官根据公平的要求，斟酌双方的财产状况和其他情况，确定合情合理的责任分担。适用公平责任原则确定民事责任，根据损害程度和双方当事人的经济状况以及其他相关的因素，综合判断。在损害程度达到了应当分担损失的情况下，双方当事人的经济状况相似或相近的，可以平均分担；一方情况好而另一方情况差的，可以一方负担大部分而另一方负担小部分。在这样的基础上，再适当考虑社会舆论和同情等因素，做出适当的小的调整，使责任的分担更为公平、合理。中国民法学界通说认为，精神损害赔偿具有填补损害、抚慰受害人、制裁违法等三项功能，但是由于精神损害本身具有难以确定的特点，需要根据过错程度来确定加害人的责任，而不宜适用弹性较大的公平责任原则。

从本案来看，根据查明的事实，原告的伤害是在上体育课期间，按照老师的布置要求进行运动练习过程中与其他学生发生了相撞事故所致。学生依老师的要求进行体育锻炼，不存在过错的情况，因为他们都是无民事行为能力的学生，主观认识对事物发展过程中的判断能力本身就不健全，因此在体育运动过程中，要求他们完全预知授课内容有无危险，并根据老师要求进行而没有偏差，显然是不合理的，即使有完全行为能力的成年人也不能保证其每次运动都不发生事故。该老师的授课是按照教育局审核批准的教学大纲而进行，整个事故是在瞬间发生的，要求老师及时采取措施，保证避免等不切实际。因此，此事故的发生属意外事件，三方均没有过错，在此情况下适用公平责任原则，判决由当事人酌情分担原告的损失并且判决的用词是"给付"而不是"赔偿"。

体育教学是以身体活动为主的学习过程，教学中如稍有考虑不周，就易发生损伤类的事故，所以在体育教学中的安全问题显得尤为突出。当前，有的学校和教师为了尽量避免事故的发生，在体育课中采取一些消极预防办法，降低教材难度及减负减量，既影响了体育教学大纲的贯彻，阻碍了体育教学发展，也影响了学生身体机能的提高。学校和教师都要以客观的态度去看待体育教学中的安全问题，正确对待安全事故，采取有效的办法去减少事故的发生。

在学校的体育课上发生的学生伤害事故主要可以分成以下几种类型：

（1）学校体育器材存在危险隐患导致学生受伤；

（2）教学内容超过学生的正常承受能力导致学生伤害；

（3）教师在组织教学中存在过失导致学生伤害；

（4）学生自身健康原因导致的体育课伤害；

（5）第三人的过错导致的体育课学生伤害；

（6）因学生自身过错导致的体育课学生伤害事故；

（7）由于意外事件导致的学生伤害事故。

对于以上几种情况，就看学校在此过程中是否存在过错，来决定承担相应的法律责任。体育课是学生发生意外事故的"高发区",所以体育教师一定要尽最大的努力,保证学生的安全,这样也是防止学校承担责任的最佳方式。

所以,聪明的体育老师在体育课上的第一个规定动作,就是让学生清理好活动场地,排除设施设备的安全隐患。

多长点知识 >>>

世界6大"死亡运动"排行榜

在追求更高挑战极限的今天,极限运动成了一种时尚,这些运动对人的体能、胆量和承受力以及身体协调性、柔韧性提出了前所未有的考验。也正因为如此,越来越多的运动被打上了"死亡运动"的标签,以下6大运动被认为是最具危险性的"死亡运动"。

No.6 徒手攀岩

攀岩运动是起源于欧洲的一项体育运动,对攀岩人的体能、胆量,对人的身体协调性、柔韧性要求均极高。到今天已成为大众型的户外极限运动选择,但这项运动却与危险同行。

意外事件:2005年2月,一名中国香港攀岩教练带着自己的子女和友人在中国香港梧桐寨进行攀岩和速降时发生意外,这位教练的颈部被辅助绳索缠绕致死。

No.5 死亡蹦极

蹦极起源于太平洋的瓦努阿图群岛,是当地青年的成年礼,原意是考验其胆量,判断其是否有资格成为能面对危难的人的一种标准。对于现在热衷于此类"死亡游戏"的人们来说,他们需要强壮的心脏、良好的血管和不错的运气。

意外事件:1995年1月26日,在美国第31届超碗杯足球决赛前的蹦极表演排练中,43岁的女杂技演员劳拉·帕特森从空中跳下时头部重重地撞在足球场地的中央,当场死亡。

No.4 低空跳伞

在城市中央的高楼上一跃而下，享受凌驾于城市之巅的快感成为喜欢低空跳伞运动的人们最津津乐道的事情。然而也正是因为跳伞的高度不足，让这个运动项目很容易造成伤亡。

意外事件：2004年，在第二届国际跳伞节上，一位有两千次跳伞经历的跳伞专家在设备良好的情况下发生了意外，头重重地撞到了裙楼的平台上，而原因只是一阵风将他吹到了那里。

No.3 潜水运动

一向被认为是很安全的潜水运动居然也会上"死亡运动"排行榜，确实让人意外。这项运动在挑战人类在水世界里到底走得有多远的同时，危险性同样很大。

意外事件：1979年，著名作家三毛的丈夫荷西在进行潜水时发生意外，最终荷西溺水死亡。

No.2 登山运动

登山运动肯定是人类挑战自然最为直接的运动，身体能量的培养、呼吸方法以及步法的调整，都是冲击体能极限不可或缺的宝贵经验。但即使具备上述素质，登山爱好者们也不得不面临巨大危险，那就是雪山不确定性的气候条件。

意外事件：2008年12月31日，一组8人队伍在攀登位于四川省甘孜州的雅拉雪山时，队中有一名北京籍男子遇难，怀疑原因是死于高山反应。

No.1 速降滑雪

速降滑雪当然是最接近极限运动宗旨的项目之一，极富挑战。因此，在世界顶级速降滑雪大赛中，也经常看到人仰马翻的场景。

意外事件：2008年3月16日，在世界杯跳台滑雪比赛中，奥地利速降滑雪名将兰辛格向冠军发起冲击时，却不慎在一个急速坡撞上了旗门，随即从陡峭的赛道上翻滚而下，最终他的一条腿被截肢。

 这些法律和我相关 >>>

■《中华人民共和国侵权责任法》

第十二条：二人以上分别实施侵权行为造成同一损害，能够确定责任大小的，各自承担相应的责任；难以确定责任大小的，平均承担赔偿责任。

■《最高人民法院关于审理人身损害赔偿案件适用法律若干问题的解释》

第三条：

……

二人以上没有共同故意或者共同过失，但其分别实施的数个行为间接结合发生同一损害后果的，应当根据过失大小或者原因力比例各自承担相应的赔偿责任。

■《学校卫生工作条例》

第十条：学校体育场地和器材应当符合卫生和安全要求。运动项目和运动强度应当适合学生的生理承受能力和体质健康状况，防止发生伤害事故。

第十四条：学校应当建立学生健康管理制度。根据条件定期对学生进行体格检查，建立学生体质健康卡片，纳入学生档案。

学校对体格检查中发现学生有器质性疾病的，应当配合学生家长做好转诊治疗。

学校对残疾、体弱学生，应当加强医学照顾和心理卫生工作。

■《学生伤害事故处理办法》

第九条：因下列情形之一造成的学生伤害事故，学校应当依法承担相应的责任：

……

（六）学校违反有关规定，组织或者安排未成年学生从事不宜未成年人参加的劳动、体育运动或者其他活动的；

……

第十二条：因下列情形之一造成的学生伤害事故，学校已履行了相应职责，行为并无不当的，无法律责任：

……

（五）在对抗性或者具有风险性的体育竞赛活动中发生意外伤害的；

……

31. 认识实验课伤害事故：实验课学生烧伤谁来承担责任

 **我想知道 >>>**

我们怀着好奇的心理走进实验教室，那些装满了各种化学品的仪器吸引着我们总想尽快进入角色……

在危险预防和学习技能之间，我们只有严格操作规程，严守课程纪律，才能既学到动手的本领又保证实验安全。实验课上，我们应该注意什么？

 **身边案例 >>>**

某中学初三（2）班学生上氢气的制取和氢气化学性质的实验课。上课的陈老师认为平时上课时有关的注意事项都讲过，本节课是学生的实践体验，只交代学生要认真做好实验记录，就让学生自行操作，而他自己在讲台上埋头批改作业，后又到实验室门口与实验室管理员闲谈。

实验开始不久，第三组的同学沈某做氢气的燃烧实验时，因操作程序不当，发生爆炸，酸液外溅，使同组的同学刘某的眼睛、脸部多处受伤害，其本人的手部也被酸烧伤。

法律告诉你 >>>

实验课是课堂教学中容易发生安全事故的环节，实验课学生伤害事故的特点是：身处高度危险场所，学生却异常兴奋，如果不认真听取并牢记教师讲解操作实验时的安全注意事项，容易引起伤亡事故。正因其危险性高，所以，上理化实验课时对老师的注意义务的标准要求更高。《中小学幼儿园安全管理办法》第二十二条规定，学校应当建立实验室安全管理制度，并将安全管理制度和操作规程置于实验室显著位置。课堂上，安全教育、操作注意事项以及周密的安全保障措施等每一个环节都不能疏漏，否则，一旦发生伤害事故，学校就会因相应的义务履行不到位，需要承担过错赔偿责任。

本案例中，任课老师疏于课堂管理的行为主要表现在以下方面：一是未向学生讲明实验课应当注意的事项，就是没有适当履行对学生的安全教育职责。实验教师每节课都要反复强调安全注意事项，不能因前次课已讲，就不在本节课前重讲。否则，就会因为对学生的安全教育职责履行不当，而被认定为主观上具有过错。二是作为任课教师，应当预见实验过程中可能会产生危险，却放任学生自行操作，疏于管理，没有尽到管理人的注意义务。三是上课期间教师擅自离开实验室，是不适当履行教学职责的行为。如确需离开的，需经领导同意并另委派熟悉实验操作的老师接替后方可离开。

由于任课老师没有认真履行课堂教学职责，疏于对学生实验操作过程的指导，没有尽到必要的安全注意义务，是造成实验室爆炸致人伤害事故的主要原因，因此，学校应对学生的人身损害后果承担主要的赔偿责任。

案例中的事故告诉我们，无论老师还是学生，在容易发生危险的实验课等学生操作课程中，一定要时刻绷紧安全这根弦，操作前进行安全教育是不可省略的环节，要反复讲，切不可掉以轻心；在分组实验时，要认真巡视、指导，务必使学生全部明白操作要领并能成功操作；在指导实验操作过程中，尽量不要在其中一组逗留过久，确有需要的，应要求其他组暂停操作，避免因老师照顾不到而出现意外。

 **多长点知识 >>>**

爱迪生与灯泡的故事

爱迪生一生只上过三个月的小学,他的学问是靠母亲的教导和自修得来的。他的成功,应该归功于母亲自小对他的谅解与耐心的教导,才使原来被人认为是低能儿的爱迪生,长大后成为举世闻名的"发明大王"。

爱迪生从小就对很多事物感到好奇,而且喜欢亲自去试验一下,直到明白了其中的道理为止。长大以后,他就根据自己的兴趣一心一意做研究和发明工作。他在新泽西州建立了一个实验室,一生共发明了电灯、电报机、留声机、电影机、磁力析矿机、压碎机等等总计两千余种东西。爱迪生的强烈研究精神,使他对改进人类的生活方式,做出了重大的贡献。

爱迪生12岁时,便沉迷于科学实验之中,经过自己孜孜不倦地自学和实验,16岁那年,便发明了每小时拍发一个信号的自动电报机。后来,又接连发明了自动数票机、第一架实用打字机、二重与四重电报机、自动电话机和留声机等。有了这些发明成果的爱迪生并不满足,1878年9月,爱迪生决定向电力照明这个堡垒发起进攻。他翻阅了大量的有关电力照明的书籍,决心制造出价钱便宜、经久耐用,而且安全方便的电灯。

有一次,发明大王爱迪生和他的助手们制作了一个电灯泡。那是他们辛苦了一天一夜的劳动成果。随后,爱迪生让一名年轻学徒将这个灯泡拿到另一个实验室。这名学徒从爱迪生手里接过灯泡,小心翼翼地一步一步走上楼梯,生怕手里的这个新玩意儿滑落。但他越是这样想,心里就越紧张,手也禁不住哆嗦起来,当走到楼梯顶端时,灯泡最终还是掉在了地上。爱迪生没有责备这名学徒。过了几天,爱迪生和助手们又用一天一夜的时间制作出一个电灯泡。做完后,还得有人把灯泡送到楼上去。爱迪生连考虑都没考虑,就将它交给了那名先前将灯泡掉地上的学徒。这一次,这个学徒安安稳稳地把灯泡拿到了楼上。事后,有助手问爱迪生:"原谅他就够了,何必再把灯泡交给他拿呢?万一又摔在地上怎么办?"爱迪生回答:"原谅不是光嘴巴说说的,而是要靠做的。"

 这些法律和我相关 >>>

■《学生伤害事故处理办法》

第九条:因下列情形之一造成的学生伤害事故,学校应当依法承担相应的责任:

……

(四)学校组织学生参加教育教学活动或者校外活动,未对学生进行相应的安全教育,并未在可预见的范围内采取必要的安全措施的;

……

■《中小学幼儿园安全管理办法》

第二十二条:学校应当建立实验室安全管理制度,并将安全管理制度和操作规程置于实验室显著位置。

……

32. 认识校外实践活动：组织校外活动发生事故的责任

走出校园，走进生活，融入大自然，参加各种类型的社会实践活动是同学们最快乐的时候。然而，在发生意外伤害事故的时候，谁该承担法律上的责任？

某校组织学生到野外采风前和某旅行社签订了团体旅游协议，学校也安排教师全程跟随。途中，汽车意外翻车，6名学生不同程度受伤，随团教师积极组织抢救，并及时向学校汇报，学校第一时间告知受伤学生家长。其中，一学生重伤致残，家长状告学校要求赔偿。

本案中，学校与旅行社签订组团合同后，依据我国《合同法》，不论是随团的学校教师，还是参加活动的学生，都已成为旅行社的签约对象，受到相

关旅游法规的保障。根据旅游法的规定，旅行社在履行旅游合同的过程中造成旅游者人身损害、财产损失的，应当依法承担赔偿责任。学生因汽车翻车事故造成的人身损害赔偿责任，应根据旅游协议向旅行社索赔。除受伤学生依据旅游协议向旅行社主张违约赔偿责任外，因学生受伤致残是由于交通事故造成的，受伤学生还可以基于人身损害，选择要求旅行社或者交通车辆的所有人承担侵权责任。

根据《学生伤害事故处理办法》第九条的规定，学校组织学生参加教育教学活动或者校外活动，未对学生进行相应的安全教育，并未在可预见的范围内采取必要的安全措施的，如发生伤害事故，学校应承担相应的责任。学校或者承担组织任务的老师只有在组织学生参加实践活动中存在过错时才承担法律责任。事故发生后，学校教师在现场积极组织协助抢救，并履行了管理和告知职责，对于事故的发生和后续的救治责任均无过错，所以不应承担责任。

必要、适当的校外活动应当说是教育教学的内容之一，对青少年的身心成长起着极其重要的作用。但相对于校内活动来说，校外活动发生学生伤害事故的几率要大一些。所以学校在组织校外活动时，一定要履行好对学生的照管、保护义务。学生在校外发生了安全事故，如果学校有先行行为导致应当承担责任以外，其他的一般不负责任。当前，因为过度担心安全问题，很多学校都不愿组织学生开展校外活动甚至禁止组织校外活动，这种因噎废食的做法不可取，只要学校履行好安全教育职责，制定好安全预案，科学处置意外事故，就可以有效避免校外活动的法律风险。当然，如果学校组织规模较大的采风等活动，应尽量通过有经验的旅行社组织，事先取得家长的书面同意，并通过购买意外事故保险、加强随同教师的责任意识等措施确保活动的安全有序。

多长点知识 >>>

为什么要加强校外教育

早在20世纪70年代,联合国教科文组织《学会生存:教育世界的今天和明天》在探讨全世界教育事业发展的总倾向时曾提到"教育扩大到学校范围以外,中小学正在为大量的校外活动和校外辅助活动所补充"。近四十年来,这种倾向不仅得以验证,而且校外教育日趋专业化,它在满足学生不同的需求、促进学生全面发展、增强青少年的学习兴趣、促进终身教育意识的形成和习惯的养成以及提升青少年综合素质、帮助青少年应对生存发展挑战等诸多方面的作用日趋明显。

近年来,我国的校外教育得到国家和社会的高度重视,《国家中长期教育改革和发展规划纲要(2010—2020)》明确提出"丰富学生课外及校外活动""充分利用社会教育资源开展各种课外、校外活动。加强中小学校外活动场所建设"等等。这些都推动我们探寻促进我国校外教育发展的前瞻性的方向和可行性的方法。

这些法律和我相关 >>>

■《中华人民共和国旅游法》

第七十条:旅行社不履行包价旅游合同义务或者履行合同义务不符合约定的,应当依法承担继续履行、采取补救措施或者赔偿损失等违约责任;造成旅游者人身损害、财产损失的,应当依法承担赔偿责任。旅行社具备履行条件,经旅游者要求仍拒绝履行合同,造成旅游者人身损害、滞留等严重后果的,旅游者还可以要求旅行社支付旅游费用一倍以上三倍以下的赔偿金。

由于旅游者自身原因导致包价旅游合同不能履行或者不能按照约定履行,或者造成旅游者人身损害、财产损失的,旅行社不承担责任。

在旅游者自行安排活动期间，旅行社未尽到安全提示、救助义务的，应当对旅游者的人身损害、财产损失承担相应责任。

■《学生伤害事故处理办法》

第九条：因下列情形之一造成的学生伤害事故，学校应当依法承担相应的责任：

……

（四）学校组织学生参加教育教学活动或者校外活动，未对学生进行相应的安全教育，并未在可预见的范围内采取必要的安全措施的；

……

33. 认识学校设施侵权：教育教学设施不安全致害学生

我想知道 >>>

校园作为学生的主要学习、活动场所，应该比其他任何的设施都要坚固牢靠，这也是有些国家在发生地震等自然灾害时把学校作为避难安置场所的重要原因。我们的校舍和教育教学设施能做到这样吗？

身边案例 >>>

某村办小学13岁的学生于某和14岁的学生刘某放学后在学校操场上玩。当刘某攀爬篮球架时，球架突然倒地，将站在球架下面的于某当场砸死。学校认为受害人是在放学后被砸，且篮球架倒地是他人攀爬引起，学校不应承担责任。因赔偿问题未能达成协议，死者父母将学生刘某和学校告上法院。

法律告诉你 >>>

物件损害责任，又称物件致害责任，是指管理物件的人未尽适当注意义务，致使物件造成他人损害，应当承担对物的替代责任。在我国，物件损害责任主要包括建筑物等设施及其搁置物、悬挂物脱落损害责任，建筑物等设施倒塌损害责任，不明抛掷物、坠落物损害责任，堆放物倒塌损害责任，妨碍通行物损害责任，林木折断损害责任以及地面施工损害责任等。物件损害造成人身或财产损失可以是直接原因，也可以是间接原因；可以是唯一的原因，也可以是共同的原因之一。因此，在有自然力、第三人行为、受害人行为介入其间，共同造成损害事实时，也不影响因果关系的存在，建筑物所有人或者管理人仍然要对损害负责。只不过在有第三人行为或受害人有过错时，将分别适用共同侵权和过失相抵规则。如果第三人过错行为与建筑物的所有人、管理人的过错行为相结合而发生致害结果，依共同过错责任处理。如果损害是由受害人自己和物的所有人或者管理人双方过错行为造成的，则依混合过错原则实行过失相抵。如果损害是完全由于第三人或者受害人的过错造成的，建筑物的所有人或管理人应免责。

　　本案例中，学校对篮球架负有管理义务。在设置篮球架时，应保障篮球架牢固可靠，学校篮球架不牢固，不具备篮球架正常应具备的支撑力，是篮球架发生倒塌的一个原因。因此学校对事故的发生存在过失。学生刘某的活动方式不当，其攀爬篮球架的活动方式具有潜在危险性，且学生刘某已14岁，就其年龄智力而言完全能够认识到攀爬篮球架所导致的后果，因此刘某对事故的发生亦存在过失。由于学校篮球架本身不牢固，加之与学生刘某攀爬的外力相结合导致了篮球架的倒落。学校和学生刘某对篮球架的倒落致人死亡存在共同的过失，构成共同侵权，应承担连带责任。从事故发生的原因力比较看，学生攀爬的外力与篮球架正常应具备的支撑力相比，不是引发篮球架倒落的主要原因。况且对于这种一般外力所能导致结果，学校应比学生更应预料到并采取措施防范。因此学校应对这起事故负主要责任。

　　至于学校以学生是在放学后滞留学校被砸为由来推脱责任，是没有依据的。不管是在放学前还是在放学后，学校都应对其设施负有管理义务。在学校日常工作中，要加强对学生的安全教育，经常告诫学生开展活动应注意的事项。但是，由于中小学生年龄小，活泼好动，尽管经常教育，但仍难免他们有些活动会超出常规，因此学校的体育等设施，务必要提高安全系数，校内设施的安装要严格按照国家标准执行,严禁安装使用"三无"产品。对体育器材、消防栓、电表、电器等易发生风险的设备,要加强安全防护措施,并尽到提醒、警示义务,定期检查及时发现和消除存在的隐患,以确保学生安全。

多长点知识 >>>

学校是紧急避难场所

学校是孕育理想和希望的地方,保障校舍安全,关乎民族的未来。在校舍安全问题上,如何强调都是理所当然的。在地震频繁的日本、智利、美国等国家,政府不遗余力地推动校舍安全的民生保障立法进程,学校被列入了紧急避难场所的建设范畴,校舍的安全标准因此更为"苛刻"。

1933年,美国长滩发生6.3级大地震,众多校舍被毁,加州政府随即通过"菲尔德法案",详细规定了建筑设计标准、监管机构、审查程序、惩罚措施等内容。在智利,为了推行更高标准的建筑抗震规定,政府出台了完善的责任追究机制,确保所有校舍都能够"按抗9级地震设计"。日本早在1923年的关东大地震后就着手制定校舍安全政策,1995年阪神大地震后开始实施"校舍补强计划",对不具备抗御7级地震的校舍进行加固,2008年中国汶川地震后,日本政府迅速启动了面向45万所公立中小学的"五年补强计划"。

这些国家的防震思路非常清晰,学校是所有灾难的第一避难所,无论地震有多严峻,孩子们的校舍不能倒。一旦发生灾难,学校的功能不仅仅是保护孩子们的安全,更是立即成为人们避难的中心。

这些法律和我相关 >>>

■《中华人民共和国民法通则》

第一百三十一条:受害人对于损害的发生也有过错的,可以减轻侵害人的民事责任。

■《最高人民法院关于审理人身损害赔偿案件适用法律若干问题的解释》

第二条：受害人对同一损害的发生或者扩大有故意、过失的，依照民法通则第一百三十一条的规定，可以减轻或者免除赔偿义务人的赔偿责任。但侵权人因故意或者重大过失致人损害，受害人只有一般过失的，不减轻赔偿义务人的赔偿责任。

……

■《学生伤害事故处理办法》

第十条：学生或者未成年学生监护人由于过错，有下列情形之一，造成学生伤害事故，应当依法承担相应的责任：

（一）学生违反法律法规的规定，违反社会公共行为准则、学校的规章制度或者纪律，实施按其年龄和认知能力应当知道具有危险或者可能危及他人的行为的；

……

34. 认识校园暴力：事件主角为何多是"女汉子"

人格权和生命健康权是每个公民最基本的人身权利，当面对来自身边的同学以及其他人的暴力行为，我该怎么做？

这是一段被发到网上的视频。

视频长约4分钟。视频显示，一个长发女生被几个学生殴打，殴打方式包括扇嘴巴、脚踹，甚至有施暴者拿出一把黄色的剪刀剪该女生的头发，并要求该女生下跪，向施暴者认错……

经教育部门调查证实，该起事件的当事人均为某校的初中学生。其中，挨打者周某某是该校初二女生，系留守儿童，6名涉嫌对周某某殴打的女生也为该校初中学生。据知情者透露，周某某身世极为可怜，父亲因犯罪目前被关押在监狱，而母亲也离开了这个家，周某某平时跟着奶奶一起生活。上述事件中，由于施暴者均是未成年人，警方目前对6名施暴者做出了拘留不执行的处罚，同时要求他们的家长对各自的孩子严加看管、教育……

近年来，中小学生围殴、虐待同龄同学，甚至殴打老师的新闻屡见报端，引起社会对校园暴力问题的关注和讨论。

 法律告诉你 >>>

近几年，人们不愿意看到的暴力场景屡屡上演，侵权人和受害者往往都是未成年人，从一年级的小学生被烟头烫伤，到无良少年出演的"全武行"，这种现象的蔓延不得不引起人们的重视，也需要相关机构认真研究，找准根源，本着对未来负责的态度找到加强未成年人法治思想教育的可行路径。

浏览屡屡见诸报端的校园暴力事件，我们不难发现，这些事件呈现出一个明显的特征：校园暴力事件主角多是"女汉子"。2015年，几个留学国外的小"女汉子"制造的暴力事件让人警醒，这起震惊中美华人的洛杉矶地区留学生绑架案性质恶劣，手段残忍，涉案人数众多，所犯罪行性质之严重，实属罕见。本案涉案者都是中国小留学生，事件的起因竟是因为未成年男女之间的争风吃醋：被害人刘某被要求跪下长达20分钟，遭受了扒光衣服、用烟头烫伤乳头、用打火机点燃头发、强迫吃沙子、剃掉头发逼她吃掉等残暴手段。然而，让这群"女汉子"意想不到的是她们制造的竟是可能面临终身监禁的惊天大案！据知情者透露，被告人翟某和张某被捕后第一次出庭时两人完全懵了：在她们的心里，这种在国内司空见惯的学生打架顶多是教训一顿罢了，连开除学籍都谈不上，更不用说要被捕入狱，乃至还可能把牢底坐穿了。

面对适用法律的明显差异，也许有人质疑，是我们的刑罚过轻还是美国的刑罚过重？反观在网络上频现的"中学多名女生围殴同校同学"等视频，似乎"扇嘴巴""拿鞋殴打""扒光同学衣服"等行为，在学生眼里是"大不了吃处分"、可以一笑而过的行为，没想到在美国却会以"绑架罪"和"酷刑罪"入罪。根据我国刑法的规定，学生间的打架斗殴即使造成了严重后果的，也不外乎涉嫌聚众斗殴、寻衅滋事、故意伤害等犯罪。我国刑法规定，聚众斗殴的，对首要分子和其他积极参加的，处三年以下有期徒刑、拘役或者管制；对于多次聚众斗殴的，聚众斗殴人数多、规模大、社会影响恶劣的，在公共场所或者交通要道聚众斗殴造成社会秩序严重混乱的,持械聚众斗殴的等情形,对首要分子和其他积极参加者,处三年以上十年以下有期徒刑。我国刑罚对于侵害未成年人的暴力事件威慑力度明显不够,加上侵权人也是未成年人,主观上也有放松刑罚的思想存在。然而,对于违法行为的纵容,恰恰体现了对被侵害权益的保护不力,无意间恶化了惩善扬恶的良好社会风气。

我们不难发现,这些校园暴力事件经常出现辍学少女的身影,性别差异使得女性更容易行为感性化,敏感易冲动,在未成年人心智发育尚未成熟的情况下,不良社会风气往往就会乘机而入,毒害了这些未成年人的心灵健康。因此,加强社会综合治理,各方责任主体承担起法律规定的职责,实现教育管理无缝隙,才是根治未成年人暴力事件频发的治本之策。根据我国《预防未成年人犯罪法》的规定,预防未成年人犯罪工作在各级人民政府组织领导下,实行综合治理。政府有关部门、司法机关、人民团体、有关社会团体、学校、家庭、城市居民委员会、农村村民委员会等各方面共同参与,各负其责,做好预防未成年人犯罪工作,为未成年人身心健康发展创造良好的社会环境。预防未成年人犯罪,应当结合未成年人不同年龄的生理、心理特点,加强青春期教育、心理矫治和预防犯罪对策的研究。法律还明确规定了未成年人的父母或者其他监护人和学校应当履行的监护、教育、管理等法定职责。因此,只有把这些纸上的规定严格落到实处,才是根本扭转校园暴力事件频发的关键举措。

多长点知识 >>>

预防校园暴力,国外怎么做?

日本:开展预防暴力培训,允许施暴者停课。日本文部科学省加强了对教师进行预防校园暴力的培训,增加了合格学校辅导员和护理员的数量,以帮助学生处理各种问题。同时,允许学校对那些给同学带来身体或心理伤害的学生停课。

澳大利亚：建立政府支持的反暴力组织和网站，如"反暴力网络组织"和"澳大利亚无暴力计划"，以帮助学校了解暴力现象，为学校制定相关政策，提供教师培训的指导大纲。

以色列：建立全校范围的反暴力政策。以色列为解决校园暴力问题采取了一系列措施，其中要求学校建立全校范围的反暴力政策，并对在职教职员工进行培训。调查发现，暴力现象发生最多的是在放学后的走廊和厕所，或教师监控不力的时间段。很多学校采取增加警力，保证照明，让父母接送孩子，休息时间在走廊上安排更多教师等办法。

美国：有专门教材培训教师如何处置暴力事件。在美国，校园暴力被称为"欺凌"（bullying）。校园暴力在初中（6—8年级）阶段最严重，高中时逐渐减少，但依然存在。学校对"暴力"十分重视，每年开学时，会培训教师如何处理暴力事件，发给指导教材。对学生也会有预防性的教育，告知他们学校的有关规章。

韩国：教育部提供免费"警卫服务"保护学生。针对越来越严重的中小学校园暴力，韩国教育部决定，开始向一些中小学生提供免费"警卫服务"，让其免受校园暴力。担当"警卫"工作的除了警察外，还有民间保安公司的保安、体育馆协会等人员。只要学生向学校或教育厅提出保护申请，政府就会安排"警卫"到学校或特定地点保护。

这些法律和我相关 >>>

■《中华人民共和国预防未成年人犯罪法》

第十四条：未成年人的父母或者其他监护人和学校应当教育未成年人不得有下列不良行为：

（一）旷课、夜不归宿；

（二）携带管制刀具；

（三）打架斗殴、辱骂他人；

（四）强行向他人索要财物；

（五）偷窃、故意毁坏财物；

（六）参与赌博或者变相赌博；

（七）观看、收听色情、淫秽的音像制品、读物等；

（八）进入法律、法规规定未成年人不适宜进入的营业性歌舞厅等场所；

（九）其他严重违背社会公德的不良行为。

第十七条：未成年人的父母或者其他监护人和学校发现未成年人组织或者参加实施不良行为的团伙的，应当及时予以制止。发现该团伙有违法犯罪行为的，应当向公安机关报告。

第十八条：未成年人的父母或者其他监护人和学校发现有人教唆、胁迫、引诱未成年人违法犯罪的，应当向公安机关报告。公安机关接到报告后，应当及时依法查处，对未成年人人身安全受到威胁的，应当及时采取有效措施，保护其人身安全。

第四十二条：未成年人发现任何人对自己或者对其他未成年人实施本法第三章规定不得实施的行为或者犯罪行为，可以通过所在学校、其父母或者其他监护人向公安机关或者政府有关主管部门报告，也可以自己向上述机关报告。受理报告的机关应当及时依法查处。

■《中华人民共和国民法通则》

第一百三十三条：无民事行为能力人、限制民事行为能力人造成他人损害的，由监护人承担民事责任。监护人尽了监护责任的，可以适当减轻他的民事责任。

有财产的无民事行为能力人、限制民事行为能力人造成他人损害的，从本人财产中支付赔偿费用。不足部分，由监护人适当赔偿，但单位担任监护人的除外。

■《中华人民共和国侵权责任法》

第三十九条：限制民事行为能力人在学校或者其他教育机构学习、生活期间受到人身损害，学校或者其他教育机构未尽到教育、管理职责的，应当承担责任。

35. 认识学生权利保护：老师发现虐童行为管不管

和我朝夕相处的除了父母就是老师、同学。然而，当我不幸遭受家庭暴力而倍感孤立无援的时候，老师是不是我最后的救命稻草？

南京某校班主任老师徐某某分别于 2015 年 4 月 3 日 21 时 15 分、22 时 40 分在其新浪微博上发表如下内容："父母南京某区人，男童于 6 岁合法收养，虐待行为自去年被校方发现。近日，班主任发现伤情日渐严重，性格也随之大变，出现畏惧人群等心理行为，班主任及任课老师在多方努力无果后，寻求网络帮助。恳请媒体和大伙的协助。希望这个孩子通过我们的帮助可以脱离现在的困境。"并配照片九张。徐老师此举引起社会公众及媒体的持续关注，最终，该男童施某某养母李某某的虐童行为由公安机关立案侦查。

后来，受虐男童施某某的亲生父母认为班主任老师徐某某行为严重侵犯了原告的肖像权、名誉权、隐私权，起诉到江宁区法院，要求停止侵害，赔礼道歉，消除影响、恢复名誉；支付精神抚慰金 20 万元。

法院经审理查明，原告张某某、桂某某系原告施某某亲生父母。2013 年

6月3日，经安徽省来安县民政局收养登记后，施某某由李某某夫妇收养。2015年4月5日，公安机关以涉嫌故意伤害罪对李某某刑事拘留，后变更为取保候审。南京市浦口区人民检察院以李某某涉嫌犯故意伤害罪，向南京市浦口区人民法院提起公诉，该案正在审理期间。2015年4月5日，施某某由政府相关部门交由生父母张某某、桂某某临时监护。李某某在公安机关对其询问时，称施某某所受伤是其所致。

法院审理后认为，发帖人对相关信息的披露是节制的，对相关照片做了模糊处理，没有暴露受害儿童真实面容，也没有披露孩子的姓名和家庭住址，其目的是揭露可能存在的犯罪行为。至于网帖发布后，其他网友搜索出了孩子以及养母的相关信息，责任不应当由这位发帖人承担。法院认为，发帖人的做法符合社会公共利益原则和儿童利益最大化原则。他的网络举报行为并不侵犯当事人的肖像权、名誉权、隐私权。

法律告诉你 >>>

家庭暴力，是指家庭成员之间以殴打、捆绑、残害、限制人身自由以及经常性谩骂、恐吓等方式实施的身体、精神等侵害行为。根据我国《反家庭暴力法》的规定，教师在工作中发现无民事行为能力人、限制民事行为能力人遭受或者疑似遭受家庭暴力的，应当及时向公安机关报案。公安机关应当对报案人的信息予以保密。就本案来讲，班主任徐某某在原告施某某受伤害后，为保护未成年人利益和揭露可能存在的犯罪行为，依法在其微博中发表未成年人受伤害信息，符合社会公共利益原则。因此，法院判决徐老师的行为不构成侵权。

根据法律规定，公民享有肖像权，未经本人同意，不得以营利为目的使用公民的肖像。本案中，徐老师在知晓施某某被伤害后，使用了施某某受伤的九张照片，虽未经本人同意，但其使用是为了维护社会公共利益和施某某本人利益的需要，且使用时已对照片脸部进行了处理，依照我国《未成年人保护法》《反家庭暴力法》的规定，对侵犯未成年人合法权益的行为，任何组织和个人都有权予以劝阻、制止或者向有关部门提出检举或者控告。因此，应认定该使用行为合法，不构成对施某某肖像权的侵害。

行为人以书面、口头等形式宣扬他人的隐私，或者捏造事实公然丑化他人人格，以及用侮辱、诽谤等方式损害他人名誉，造成一定影响的，应当认定为侵害公民名誉权的行为。本案中，被告所发微博的内容既没有夸大或隐瞒事实，更没有虚构、造谣和污蔑，微博反映的内容与客观事实相一致，客观上不会造成施某某社会声望和评价的降低，也不存在主观上的过错。被告所发微博的内容未涉及原告施某某父母的任何信息资料，不存在捏造或诽谤的内容，主张被告侵犯其名誉权不能成立。

是否构成侵犯隐私权，应当根据受害人确有隐私被损害的事实、行为人行为违法、违法行为与损害后果之间有因果关系、行为人主观上有过错来认定。本案中，被告对相关信息的披露是节制的，对相关照片进行了处理，没有暴露受害儿童真实面容，也没有披露施某某的姓名和家庭住址。被告所发微博的内容未涉及原告施某某生父母的任何信息资料，至于被告发表微博后，第三人对其家庭隐私的泄露，不应由被告承担责任。

国家禁止任何形式的家庭暴力。因此，反家庭暴力是国家、社会和每个家庭的共同责任。

多长点知识 >>>

古代女子如何对付家暴

在很多人的印象里，中国古代女子在家庭中处于附庸的地位，丈夫可以任意对待甚至随时休弃妻子，但事实上，情况并没有那么糟糕。

秦代家庭立法中，妇女在某些方面可以和丈夫拥有平齐地位，如丈夫通奸，妻子将其杀死免罪，丈夫殴妻与妻殴夫同等处罚，等等。在对妇女再嫁的问题上，秦汉时期也非常宽容。在江陵张家山汉简中关于秦代法律的记载中，就可以看到"夫死而妻自嫁，取者勿罪"的规定。虽然班昭在《女诫》

中说："男有再娶之意，女无再适之文。"似乎把女子不能再嫁视为女性德行规范，但实际上，汉代妇女改嫁的现象屡见不鲜，有的甚至多次改嫁。就算重视名分的皇家，也并不太在意女子改嫁。汉武帝的母亲王娡，本来已经嫁给了一个叫金王孙的人，并生下一个女儿。后来其母臧儿为了求取富贵，强行将王娡从金家接走，送入当时还是太子的汉景帝刘启宫中。王娡为刘启生下了三女一男，其中的儿子就是后来的汉武帝刘彻。汉武帝即位后，并不以母亲曾嫁给别人为耻，还亲自到同母异父的姐姐家中相认，令其与母亲、已经贵为太后的王娡团聚，并给予封号与采邑。

东汉时，汉光武帝刘秀的姐姐湖阳公主守寡后，看上了有妇之夫宋弘，光武帝也并不觉得姐姐改嫁丢人，反而亲自替她做说客。东汉末年的著名文学家、蔡邕之女蔡琰（蔡文姬），先嫁河东卫仲道，被掳入匈奴后与左贤王成亲，并生有子女，归汉后又嫁与董祀，先后改嫁两次。但这并没有影响她在当时和历史上的形象与地位，南朝人范晔在编写《后汉书》时，因为蔡文姬的传奇经历和卓越文采，将其收入了《列女传》，这与后世《列女传》中多是些"忠贞烈女"的故事相比，价值取向截然不同。

古代男子想要抛弃自己的妻子，也并不是一封休书就能了事。有些女子在被丈夫无辜离婚时，不管"三纲五常"，以自己的勇气和智慧反戈一击，最终扬眉吐气。

宋代才女李清照不仅在丈夫去世后改嫁，她摆脱"渣男"后夫是古代女子中罕见的主动离婚并成功的案例。李清照18岁时与太学生、丞相赵挺之子赵明诚结为连理。也许越是美好的开始，往往越会有着悲惨的结局。1129年，赵明诚死于湖州，一段将近30年的美满姻缘就此落幕。当时北宋灭亡、战乱不断，李清照行无定所，身心憔悴，不久又嫁给了一个叫张汝舟的人。张汝舟之所以结婚，是因为看中李清照所携带的那些价值连城的文物，在李清照并不愿意将这些东西与他共享时，张汝舟马上露出原形，不仅恼羞成怒，还对李清照拳脚相加。于是，李清照决心和张汝舟离婚，并告发张汝舟的欺君之罪。但宋朝有一条奇葩的法律，规定妻告夫者，即使所告为实，也要"徒二年"。所以李清照虽然最终赢了离婚官司，张汝舟被发配到柳州，但李清照却面临牢狱之灾。所幸友人出手相救，大才女只象征性地坐了9天牢，总算得以摆脱被家暴的命运。

这些法律和我相关 >>>

■《中华人民共和国未成年人保护法》

第六条：……

对侵犯未成年人合法权益的行为，任何组织和个人都有权予以劝阻、制止或者向有关部门提出检举或者控告。

……

第十条：父母或者其他监护人应当创造良好、和睦的家庭环境，依法履行对未成年人的监护职责和抚养义务。

禁止对未成年人实施家庭暴力，禁止虐待、遗弃未成年人，禁止溺婴和其他残害婴儿的行为，不得歧视女性未成年人或者有残疾的未成年人。

■《中华人民共和国预防未成年人犯罪法》

第四十一条：被父母或者其他监护人遗弃、虐待的未成年人，有权向公安机关、民政部门、共产主义青年团、妇女联合会、未成年人保护组织或者学校、城市居民委员会、农村村民委员会请求保护。被请求的上述部门和组织都应当接受，根据情况需要采取救助措施的，应当先采取救助措施。

■《中华人民共和国反家庭暴力法》

第十四条：学校、幼儿园、医疗机构、居民委员会、村民委员会、社会工作服务机构、救助管理机构、福利机构及其工作人员在工作中发现无民事行为能力人、限制民事行为能力人遭受或者疑似遭受家庭暴力的，应当及时向公安机关报案。公安机关应当对报案人的信息予以保密。

04

第四编
法眼识社会

踏入社会,开启人生新课堂。

36. 认识民事行为效力：小卖部存钱赊账是否有效

踏进美丽校园的那一天，妈妈告诉我：你已经成长为我们家庭中"打酱油的"一员！随着我的知识增长和年龄的成长，哪些行为是我真正能够说了算的？

据山东广播电视台报道，家住济宁的刘先生发现一件蹊跷事，自己刚给上小学五年级的儿子200元零花钱，转眼间就不见了。刘先生询问得知，儿子把钱存到学校门口的小卖部了。据说有好多同学都把钱存到小卖部，去买东西的时候直接记账。更让刘先生吃惊的是，儿子告诉他，学校里往小卖部存钱，已成风气，甚至相互攀比，有的孩子在家里偷了钱，存到小卖部里。

这家名为"××书店"的小卖部，就位于刘先生儿子的小学门口，正值放学期间，小卖部门口挤满了小学生，有的孩子正在通过记账的方式买东西。老板娘手中的账本就是××小学的学生存钱的凭证。几十页的本子上记满了一多半，密密麻麻写着每一笔花销。有的孩子名下的账目甚至不止一张。但是每一笔花销具体用来干什么，账本上并没有标明。小卖部不仅能存钱，还能赊账，有个孩子就欠了 260 块钱。老板娘说，自己这里吸纳的都是孩子的零花钱，但当问到是不是经过家长同意时，老板娘表示并不清楚。

经调查发现，很多学生都是偷了家长的钱存到小卖部，有的甚至存了上千元。孩子们说，存钱的大多是四五年级的学生，问起存钱的原因，孩子们的回答很简单，一是可以随便买玩具，二是可以躲开家长、老师的检查。

法律告诉你 >>>

无效的民事行为是指欠缺民事法律行为的有效要件，自始并且绝对不发生法律效力的民事行为。不具有民事行为能力的人实施的无效民事行为包括两种情况：一是无民事行为能力人实施的民事行为无效，无民事行为能力人实施民事行为一般需由其法定代理人代理。但是，无民事行为能力人实施的与其年龄、智力相适应的某些细小的日常生活方面的民事行为（如购买文具、乘坐交通工具等）及纯获利益的行为不必经其法定代理人代理或事后追认，应当认定为有效。二是限制民事行为能力人实施的依法不能独立实施的民事行为无效。根据《民法通则》的规定，限制民事行为能力人可以进行与其年龄、智力和精神健康状况相适应的民事活动，其他民事活动需要其法定代理人事先同意或事后追认，未经追认的民事行为应当认定为无效。

根据我国《民法通则》的规定，限制民事行为能力的人包括十周岁以上的未成年人、不能完全辨认自己行为的精神病人。十六周岁至十八周岁，以自己的劳动收入作为主要生活来源的，可视为完全民事行为能力人。限制民事行为能力人，可以进行与他的年龄、智力相适应的民事活动；其他民事活动由他的法定代理人代理，或者征得他的法定代理人的同意。

民事行为被确认无效和被撤销的法律后果表现为以下几方面：(一)返还财产。返还财产可以分为单方返还或双方返还。双方互有给付的，各自向对方负返还义务；仅一方给付的，他方负返还义务。但如果当事人的行为违反了国家利益或社会公共利益的，则在存在单方故意的情况下，故意的一方应向对方返还财产，非故意的一方已经从对方取得或约定取得的财产，应追缴上交国库。返还财产的范围，以全部返还为原则。对方所给付的财产，无论返还时是否存在，原则上返还义务人必须按原数或原价返还。如果原物存在应返还原物，否则应作价偿还；如果原物有损坏但有修复可能和必要，应予修复后返还，或给付相当的补偿；如果对方给付的是劳务、无形财产或其他在性质上不能恢复原状的利益，应以当时的国家定价或市场价格等为标准折合成钱款返还。（二）赔偿损失。民事行为被确认无效或被撤销后，有过错的一方应当赔偿对方因此所受的损失，双方都有过错的，应当各自承担相应的责任。有过错的当事人所承担的责任是缔约上的过失责任。（三）收归国家、集体所有或返还第三人。双方恶意串通，实施民事行为损害国家、集体或第三人利益的，应当追缴双方取得的财产，收归国家、集体所有或返还第三人。此处所谓双方取得的财产包括双方已经取得和约定取得的财产。（四）其他后果。在民事行为被确认无效以后，当事人除应承担民事责任外，在特殊情况下，还应承担行政责任甚至刑事责任。

本案例中，作为五年级的小学生，这种几百乃至上千元的消费行为显然不能与其年龄、智力、精神健康状况相适应。同时，小卖部的这种融资借贷行为是违法的。家长可以直接向派出所或者工商部门投诉，对于已经发生的买卖行为可以视为无效，可以要求退回钱款。

多长点知识 >>>

延续 200 年的契约

在美国纽约哈德逊河畔，离美国 18 届总统格兰特陵墓不到 100 米处，有一座孩子的坟墓。在墓旁的一块木牌上记载着这样一个故事：1797 年 7 月 15 日，一个年仅 5 岁的孩子不幸坠崖身亡，孩子的父母悲痛欲绝，便在落崖处给孩子修建了一座坟墓。后因家道衰落，这位父亲不得不转让这片土地，他对新主人提出了一个特殊要求：把孩子坟墓作为土地的一部分永远保留。新主人同意了这个条件，并把它写进了契约。100 年过去后，这片土地辗转卖了许多家,但孩子的坟墓仍然留在那里。1897年,这块土地被选为总统格兰特将军的陵园,而孩子的坟墓依然被完整地保留了下来,成了格兰特陵墓的邻居。又一个100年过去了,1997年7月,格兰特将军陵墓建成100周年时,当时的纽约市长来到这里,在缅怀格兰特将军的同时,重新修整了孩子的坟墓,并亲自撰写了孩子墓地的故事,让它世世代代流传下去。

这份延续了200年的契约揭示了一个简单的道理:承诺了,就一定要做到。

诚信,实质上就是一种精神契约。孔子云,人而无信不知其可也。得黄金万两,不如得季布一诺,这就是所谓的一诺千金。我们的社会需要强化的正是这种诚信精神。

这些法律和我相关 >>>

■《中华人民共和国民法通则》

第十一条:十八周岁以上的公民是成年人,具有完全民事行为能力,可以独立进行民事活动,是完全民事行为能力人。

十六周岁以上不满十八周岁的公民,以自己的劳动收入为主要生活来源的,视为完全民事行为能力人。

第十二条:十周岁以上的未成年人是限制民事行为能力人,可以进行与他的年龄、智力相适应的民事活动;其他民事活动由他的法定代理人代理,或者征得他的法定代理人的同意。

……

■《中华人民共和国合同法》

第四十七条:限制民事行为能力人订立的合同,经法定代理人追认后,该合同有效,但纯获利益的合同或者与其年龄、智力、精神健康状况相适应而订立的合同,不必经法定代理人追认。

相对人可以催告法定代理人在一个月内予以追认。法定代理人未作表示的,视为拒绝追认。合同被追认之前,善意相对人有撤销的权利。撤销应当以通知的方式作出。

■最高人民法院《关于贯彻执行〈中华人民共和国民法通则〉若干问题的意见（试行）》

3.十周岁以上的未成年人进行的民事活动是否与其年龄、智力状况相适应，可以从行为与本人生活相关联的程度、本人的智力能否理解其行为，并预见相应的行为后果，以及行为标的数额等方面认定。

6.无民事行为能力人、限制民事行为能力人接受奖励、赠予、报酬，他人不得以行为人无民事行为能力、限制民事行为能力为由，主张以上行为无效。

37. 认识合同：学生擅自购买电脑家长能否毁约

在市场经济社会，商品交易司空见惯，合同是达成交易的重要载体。弱弱地问一句：我能在合同上签上自己的大名吗？

2011年10月，向某将自己的笔记本电脑卖给年仅12周岁的在校学生徐某，双方签订了书面协议，约定价款为3450元，徐某当天支付了向某1450元钱，余款定于当年年底付清。一周后，徐某以电脑运行慢、经常死机为由欲将电脑退还给向某，并要求向某退钱。向某认为徐某不能出尔反尔，应当继续履行合同，于是一纸诉状将徐某告到法院，要求判决徐某继续履行合同。徐某的法定代理人则代表徐某提起反诉，要求向某退钱。最终，法院判决驳回了向某要求徐某继续履行合同的诉讼请求，支持徐某要求退款的诉讼请求。

法律告诉你 >>>

合同又称为契约、协议,是平等的当事人之间设立、变更、终止民事权利义务关系的协议。合同作为一种民事法律行为,是当事人协商一致的产物,是两个以上的意思表示相一致的协议。只有当事人所作出的意思表示合法,合同才具有法律约束力。依法成立的合同从成立之日起生效,具有法律约束力。

合同是适应商品经济的客观要求而出现的,是商品交换在法律上的表现形式。随着私有制的确立和国家的产生,统治阶级为了维护私有制和正常的经济秩序,把有利于他们商品交换的习惯和规则用法律形式加以规定,并以国家强制力保障实行,于是商品交换的合同法律便应运而生了。合同制在中国古代也有悠久的历史,《周礼》对早期合同的形式有较为详细的规定,判书、质剂、傅别、书契等都是古代合同的书面形式。

限制民事行为能力人订立合同的行为分为四种情况:一是纯获利益的合同有效,如接受奖励、赠予、报酬等。二是与其年龄、智力状况相适应的民事行为能力范围内的行为有效。对于未成年人进行的民事活动是否与其年龄、智力状况相适应,可以从行为与本人生活相关联程度、本人的智力能否理解其行为,并预见其行为后果,以及行为标的数额等方面认定。三是超出民事行为能力范围而实施的合同行为为效力待定的行为,经过法定代理人追认或同意,该合同有效。四是超出行为能力范围而实施的单方民事行为为无效行为,如订立遗嘱的行为。

根据我国《民法通则》的规定,十周岁以上的未成年人是限制民事行为能力人,可以进行与他的年龄、智力相适应的民事活动;其他民事活动由他的法定代理人代理,或者征得他的法定代理人同意。《中华人民共和国合同法》规定,限制民事行为能力人订立的合同,经法定代理人追认后,该合同有效,但纯获利益的合同或者与其年龄、智力、精神状况相适应而订立的合同,不必经法定代理人追认。徐某在购买向某的笔记本电脑时年仅12周岁,属于限制民事行为能力人。因此，徐某购买电脑的行为是否与他的年龄、智力、精神状况相适应便成为本案的焦点。对此，法律和司法解释没有作进一步规定，属人民法院自由裁量的范畴。实践中，主要是根据行为人的年龄大小、健康状况好坏、受教育程度，以及当时的社会环境、交易额多少等等综合考虑。在目前社会条件下，三千余元钱的交易已经不算大额交易，从本案实际情况来看，作为初中生的徐某对电脑的用途、属性和价格已经有一定的了解，但是徐某在订立电脑买卖合同时，毕竟才年仅12周岁，刚刚从无民事行为能力人转变为限制民事行为能力人，离18周岁完全民事行为能力人还有相当长的时间差距，其法定代理人对其行为又不追认，因此法院认定向某与徐某之间订立的电脑买卖合同属于可撤销的合同。

多长点知识 >>>

假如宋襄公穿越到12世纪的英国

当年宋楚争霸爆发了著名的泓水之战。楚强宋弱，但宋军先在泓水北岸占据有利地形。等到楚军渡过一半泓水时，子鱼赶紧向宋襄公请示：敌众我寡，敌人刚刚渡过一半河流，此时出击，一定能大获全胜，请允许我攻击。宋襄公看了看：不行，乘人之危，打不得。子鱼遵命，只好眼睁睁看着敌人过河而来。等楚军过了河，还没来得及排成列，子鱼心急火燎，又建言攻打。宋襄公说，还不行，继续等着。直到楚军排好兵布好阵，宋襄公才下达攻击的命令。宋军失去时机，根本不是对手，宋军大败，宋襄公也差点儿丧命。但宋襄公并不后悔，因为他遵守了公平作战的契约。公曰："君子不重伤，不禽二毛。古之为军也，不以阻隘也。寡人虽亡国之余，不鼓不成列。"意思是："品德高尚的人，不能使受伤的敌人再次受伤，不捉拿头发有黑白两色的老人。古代作战的人，不凭借险要之地。我虽然是亡国者的后代，但也绝不攻击没有排成队列的敌人。"

如果在西方，宋襄公的命运可能会不同。公元1135年，英国国王亨利一世去世，他的外甥斯蒂芬和他的外孙亨利二世都有望继位。结果斯蒂芬捷足先登，抢先登上了王位。亨利二世不干了，就在欧洲组织了一支雇佣军来攻打斯蒂芬。由于亨利二世经验不足，仓促出兵，等大军千里迢迢开到了英伦三岛，仗还没打，钱就花完了，粮也吃完了。大军饥肠辘辘，非常被动。亨利二世于是给敌人斯蒂芬写了一封求援信，说我在攻打你的时候，准备不周，现在一没钱二没粮，您能不能给我一点接济，让我把这些雇佣军遣散回欧洲？斯蒂芬慷慨解囊，给了亨利二世一大笔钱。几年之后，亨利二世准备充足了，发动了第二次战争来争夺王位。这一次，亨利二世大获全胜。但亨利二世居然和斯蒂芬签订盟约，说国王还是你继续干，只需立我为太子，一旦您百年之后，王位由我继承。于是，彼此皆大欢喜。

这些法律和我相关 >>>

■《中华人民共和国合同法》

第三十二条：当事人采用合同书形式订立合同的，自双方当事人签字或者盖章时合同成立。

第三十五条：当事人采用合同书形式订立合同的，双方当事人签字或者盖章的地点为合同成立的地点。

第三十七条：采用合同书形式订立合同，在签字或者盖章之前，当事人一方已经履行主要义务，对方接受的，该合同成立。

■《中华人民共和国民法通则》

第十二条：十周岁以上的未成年人是限制民事行为能力人，可以进行与他的年龄、智力相适应的民事活动；其他民事活动由他的法定代理人代理，或者征得他的法定代理人的同意。

不满十周岁的未成年人是无民事行为能力人，由他的法定代理人代理民事活动。

第五十八条：下列民事行为无效：

（一）无民事行为能力人实施的；

（二）限制民事行为能力人依法不能独立实施的；

……

无效的民事行为，从行为开始起就没有法律约束力。

第六十一条：民事行为被确认为无效或者被撤销后，当事人因该行为取得的财产，应当返还给受损失的一方。有过错的一方应当赔偿对方因此所受的损失，对方都有过错的，应当各自承担相应的责任。

……

38. 认识网购：电商"特价"不实可退一赔三

鼠标一点，货物寄来，方便快捷的交易方式迅速被年轻人接受。通过网络交易方式购买商品与实物交易方式相比会有哪些不同？

2014年4月8日，某电子商务公司在其官方网站上发布的广告显示：10400mAh移动电源特价49元。小学生小郑当日在网站上订购了两款移动电源：10400mAh移动电源69元，5200mAh移动电源39元。小郑提交订单后，于当日通过支付宝付款108元。4月12日，小郑收到了上述两个移动电源及配套的数据线。5天后小郑发现使用5200mAh移动电源的原配数据线不能给手机充满电，随即与该电子商务公司的客服联系，要求调换数据线。该电子商务公司同意调换并已收到该数据线。此后，小郑以该电子商务公司对其实施价格欺诈为由向法院提起诉讼。

法院经过审理后认为，小郑与该电子商务公司的网购合同有效，消费者拥有公平交易权和商品知情权。由于电子商务公司"网络抢购"此种销售方式的特殊性，该广告与商品的抢购界面直接链接且消费者需在短时间内做出购买的意思表示。该电子商务公司认可商城活动界面显示错误,存在广告价格与实际结算价格不一致的情形,该电子商务公司解释为电脑后台系统出现错误,但没有证据证明。法院最终认定该电子商务公司存在欺诈消费者的故意,法院依法判决小郑退还该电子商务公司上述两个移动电源,该电子商务公司保底赔偿小郑500元,退还货款108元,驳回小郑其他诉讼请求。

法律告诉你 >>>

网络商品交易,是指通过互联网(含移动互联网)销售商品或者提供服务的经营活动。从事网络商品交易及有关服务应当遵循自愿、公平、诚实信用的原则,遵守商业道德和公序良俗。网络商品经营者、有关服务经营者提供的商品或者服务信息应当真实准确,不得做虚假宣传和虚假表示。销售者网上销售商品有价格欺诈行为,诱使消费者购买该商品的,即使该商品质量合格,消费者有权请求销售者"退一赔三"和保底赔偿。

对于网站的"特价""促销",消费者在下单时却以货物的原价进行购买,此类案件纠纷在现实中较多,电商通常有两种解释:系统故障或者人工操作失误。如果商家确实有证据能够证明,消费者在下单时,由于工作人员的疏忽,或者系统出现故障,此种情况就属于重大误解,依照《合同法》的相关规定,电商需要退还消费者购物款,不进行惩罚性的赔偿。而如果电商没有证据证明,"特价""促销"后,消费者原价购买的货品不属于重大误解,是电商在进行宣传时故意的欺诈行为,根据《消费者权益保护法》的相关规定,电商销售者应当"退一赔三"。

如今,网络购物已成为人们日常生活的一部分,未成年人利用网络进行购物的行为越来越多。依照《合同法》的基本理论,未成年人不具有完全的缔约能力,因此许多合同被认定为无效或者效力待定。在传统面对面的合同订立过程中,当事人可以通过外貌、语言、行为举止等特征,来判断交易相对人的民事行为能力状况,但网络购物过程中,双方当事人通常只通过网络数据电文的方式进行交易,使得判断对方当事人的订约能力难度加大。但在网络环境中，电子商务平台和卖方认为，无论买方是否具备行为能力，均具有订立合同的法律资格。因为在网络环境下，电子商务平台和卖方不能区分对方当事人是否具有民事行为能力，要求其对合同相对方当事人民事行为能力进行判定，苛加过重的注意义务，无益于网络产业的发展。

我国目前还没有关于电子合同订立中自然人缔约能力的专门法律规定，在司法实践中适用《合同法》和《民法通则》的规定。无民事行为能力人和限制行为能力人在网上购物行为的法律效力，学术界存在较大争议。因此，对于无民事行为能力人和限制行为能力人订立网络购物合同的效力，应当原则上遵循传统民法的规定。实践中，电子商务平台往往承担了识别当事人身份的义务，但一些电子商务平台对卖家身份信息的审核比较严格，而对买家身份信息的审核非常宽松，即在买家注册时，电子商务平台并未审核买家的真实年龄。为有效防范无民事行为能力人和限制行为能力人因网络购物合同无效而引发的风险，电子商务平台应设立相应的技术措施和管理制度，以有效识别买家的年龄状况进而认定买家的行为能力。网上交易的特殊性只是增加了身份难以识别的可能性或者成本，随着技术的进一步发展，网络环境下的身份识别问题肯定能够得到有效的解决。在目前的技术条件下，应赋予第三方电子商务平台识别买家身份的义务。由此，无民事行为能力人和限制行为能力人网络购物合同如果涉及第三方电子商务平台的，在电子商务平台未履行身份识别的义务时，合同无效的法律后果由第三方电子商务平台承担。如果第三方电子商务平台履行了身份识别的义务，此时卖家仍和无民事行为能力人和限制行为能力人订立合同，说明卖家存在过错，合同无效的法律后果应由卖家承担。如果不涉及第三方电子商务平台，无民事行为能力人和限制行为能力人的网购合同原则上有效，但卖家应就特殊商品对未成年人进行特别提示，否则合同无效。

符木记刻

亨利二世时期,英国是一个落后的封建国家,经济上与其他欧洲国家相比较为落后,但确保其未来商业繁荣的根基已经形成,英格兰大规模向欧洲其他国家出口羊毛,并且拥有大量的国内贸易,这些都成为其后来经济扩张的基础。中世纪的英国虽然具备了繁荣的根基,但国家财政收入似乎总是不足。

亨利二世发现简单实用的符木记账技术的运用范围可以拓展,因为符木记刻不仅是收付责任的一种证明,其独创性还能使通过着眼于未来可实现的收入来满足现在财政支出的需要。符木记账作为一种预期收入手段是其运用过程的一个重要发展和进步。假设国王从一个放款者那里借入100镑,而这100镑转由他的一个贵族持有,这时国王可以指示那个贵族向放款者支付款项,这样就解除了国王的偿债责任。在筹集资金时,人们作贷方记录,给予债权人收取一定的款项的权力,或者其可以在随后某一时期收到先前应收款项的权力。希拉里·詹金森(Hilary Jenkinson)爵士1925年发表在 Archaeologia 的文章中提到了一个转让还款的实例。债务人是亨利二世,债权人是一个名叫威廉·凯德(William Cade)的债权人。凯德按照惯例收到收据——符木,同时他的债权被转给了特定的第三方——各省级的皇家债务人。当省级债务人支付款项时,他反过来又收到了一块符木,这块符木就作为一笔已经被"征收"到国库中款项的证明。后来人们发现在这类交易中手写的权威性或者是手写本身可能是多余的,于是后来的交易就完全依赖符木的记录。

从符木记账作为预期收入手段可以得出一些有意思的结论。从会计角度来看,符木减少了流入或者流出国库的货币量。很明显货币的减少量随着"循环中"的符木的增加而增加,流通中要求的金属货币也相对更少。符木计数仍然是一种收据证明，但除此之外，它具有了某些可转让票据、向持票人付款的汇票、支票的特征。起初因为收入预期只是偶发现象，符木记刻计算系统只能在极少数情况下使用，后来由于它的独特优势使得它最终被作为一项惯例而固定下来。

这些法律和我相关 >>>

■《中华人民共和国消费者权益保护法》

第十六条：经营者向消费者提供商品或者服务，应当依照本法和其他有关法律、法规的规定履行义务。

经营者和消费者有约定的，应当按照约定履行义务，但双方的约定不得违背法律、法规的规定。

经营者向消费者提供商品或者服务，应当恪守社会公德，诚信经营，保障消费者的合法权益；不得设定不公平、不合理的交易条件，不得强制交易。

第五十五条：经营者提供商品或者服务有欺诈行为的，应当按照消费者的要求增加赔偿其受到的损失，增加赔偿的金额为消费者购买商品的价款或者接受服务的费用的三倍；增加赔偿的金额不足五百元的，为五百元。法律另有规定的，依照其规定。

……

■《网络交易管理办法》

第十一条：网络商品经营者向消费者销售商品或者提供服务，应当向消费者提供经营地址、联系方式、商品或者服务的数量和质量、价款或者费用、履行期限和方式、支付形式、退换货方式、安全注意事项和风险警示、售后服务、民事责任等信息，采取安全保障措施确保交易安全可靠，并按照承诺提供商品或者服务。

第十六条：网络商品经营者销售商品，消费者有权自收到商品之日起七日内退货，且无需说明理由，但下列商品除外：

（一）消费者定作的；

（二）鲜活易腐的；

（三）在线下载或者消费者拆封的音像制品、计算机软件等数字化商品；

（四）交付的报纸、期刊。

除前款所列商品外，其他根据商品性质并经消费者在购买时确认不宜退货的商品，不适用无理由退货。

消费者退货的商品应当完好。网络商品经营者应当自收到退回商品之日起七日内返还消费者支付的商品价款。退回商品的运费由消费者承担；网络商品经营者和消费者另有约定的，按照约定。

第十七条：网络商品经营者、有关服务经营者在经营活动中使用合同格式条款的，应当符合法律、法规、规章的规定，按照公平原则确定交易双方的权利与义务，采用显著的方式提请消费者注意与消费者有重大利害关系的条款，并按照消费者的要求予以说明。

……

39. 认识民间借贷：女大学生用"裸照"做抵押物贷款

到银行贷款需要这抵押那担保，可是作为来自贫困家庭的学生，这些我都没有。我非常需要贷款，该怎么做？

报载，一名自称受害的女大学生李丽称，她因为创业需要资金，注册了网络借贷平台用户。该平台实行实名制注册，必须上传身份证、学生证以及填写家庭信息，包括家人的联系方式等。李丽通过该平台第一次借了500块钱，周利息30%。因为没还上，重新借了新债还旧债，周利率仍为30%。根据该平台借款"协议"约定，借款期限为一年以内的借款，所产生利息均不加入本金重复计算利息；期限超过一年的借款，前一年度所产生利息将计入下一年度本金计算复利……借款人逾期超过3日的，自借款期限届满之日后第4日起，借款人除按本协议第一条约定的利率继续支付利息外，还需按照如下方式支付罚息：若借款利率小于或等于27.3%，则以截至当日未偿还本金为基准，以"30%借款利率"为年化罚息利率计收罚息……

经过多次利滚利后，李丽更加无力偿还，于是想再次通过借新贷还旧债的方式来还款。此时，对方已不再轻易借款，要求李丽手持身份证拍裸照作为抵押。无奈之下，李丽只得照做。很快，新的还款日到了，李丽仍还不上。对方表示，如果到期不还款，裸体照片会被曝光，并与家长联系。

法律告诉你 >>>

借贷是指企业向银行等金融机构以及其他单位借入的资金，包括信用贷款、抵押贷款和信托贷款等；也指自然人向银行等金融机构以及其他单位和个人借入的资金到期归还的法律行为。借款合同，是指借款人向贷款人借款，到期返还借款并支付利息的合同。借款合同采用书面形式，但自然人之间借款另有约定的除外。借款合同的内容包括借款种类、币种、用途、数额、利率、期限和还款方式等条款。订立借款合同，贷款人可以要求借款人提供担保。自然人之间的借款合同自贷款人实际提供借款的时间起生效。

民间借贷，是指自然人、法人、其他组织之间及其相互之间进行资金融通的行为。根据《最高人民法院关于审理民间借贷案件适用法律若干问题的规定》，借贷双方约定的利率未超过年利率24%，出借人请求借款人按照约定的利率支付利息的，人民法院应予支持。借贷双方约定的利率超过年利率36%，超过部分的利息约定无效。借款人请求出借人返还已支付的超过年利率36%部分的利息的，人民法院应予支持。本案例中，借款合同约定的借款利率周息达30%，明显属于高利贷。更何况，以裸照作为抵押物，本身也不符合《合同法》和《担保法》的规定，若以此要挟不合法的巨额利息，不仅涉嫌侵犯隐私权，更有敲诈勒索的嫌疑。教育部办公厅联合中国银监会办公厅印发的《关于加强校园不良网络借贷风险防范和教育引导工作的通知》中明确规定，对未经批准在校园推广网络借贷的要依法处置。但问题是，借贷行为一旦转变为线上接头、线下交易，根本就不需要所谓的批准。网络非法高利贷，一般具有"线下不见宣传，线上广告暗涌"的特点，要摆脱线下监管的传统模式，监管思维也要与时俱进。另一方面，我们也要认识到，一些大学生的理性金融需求应被重视和满足。对新兴的、有资质与信誉的借贷平台、分期付款机制等，要加强引导和扶持。只有让正规的借贷渠道畅通无阻，在政策的护航下惠及大学生，才能将非法高利贷挤出校园。

民间借贷是一种融资手段，具有资源丰富、操作简捷灵便的优点，同时也是诉讼多发的借贷方式。那么借钱还钱有哪些需要注意的呢？一要签书面合同；二要写清楚利息，有无利息，利息多少，一定要用百分比写清楚；三要记录交付过程，如果是大额的现金借款，要通过银行、第三方支付转账等方式交付，要用书面的形式固定下来；四要核实担保情况，如果是质押要去办理质押登记，如果是抵押也要去办理抵押登记；五要记清还款方式，建议通过银行转账的方式还款，以便记录款项支付的过程。

多长点知识 >>>

我国古代民间借贷的起源及发展

民间借贷在我国起源很早，即便从有文献记载时起算也有三千多年历史，原始社会末期，原始的民间借贷伴随着私有财产的出现而出现。根据《周礼》《左传》《史记》《管子》《墨子》等典籍的记载，周初即有"贷谷""贷钱"等多种形式的民间借贷。据《管子》记载，一国借贷之民多至数万家。春秋战国时期，生产力进一步提高，商品经济有了较大发展，民间借贷已相当普遍。

进入封建社会之后，民间借贷有了进一步的发展。秦代税负沉重、峻法严刑，加之土地兼并和资本集中严重，造成贫富不均，此时放贷者多为豪强地主、富贾巨商，借贷者多为破产农民。汉代私人间借贷非常发达，借贷者多为农民，也有官员甚至天子诸侯向富人借贷的情形，《史记》即有"列侯封君高利借债于无盐氏"的记载。

唐宋时期的民间借贷进入发达完备的阶段，对经济社会生活的影响日益增大。根据借贷条件的不同，唐宋时的民间借贷分为质贷和无质贷两种，所谓无质贷即不需提供抵押物，多发生在商人与官吏之间，《资治通鉴》中就有

"禁军大将尝借富室之债"的描述；所谓质贷，即抵押借贷，如贫农以土地作抵向富农借贷，无法偿还时该土地则由出贷者所有。这一时期的民间借贷还有一个特点，即关于借贷期限及利息多寡都有契约约定，唐宋两朝皆如此。元代放贷者既有商人、军官等个人，也有书院、寺观等私人团体，放贷牟利蔚然成风，借贷利息居高不下，甚至出现按年加倍的"羊羔利"，虽有法定利率标准，但很少有人遵循。明清为资本主义萌芽时期，随着商品经济的发展和生产方式的变革，民间借贷有了更大的发展并活跃于广大城乡地区，对当时的经济社会产生了深刻的影响。尤其是清代，民间借贷的形式更加复杂多样，不仅有普通商人和地主富农放贷，还有旗人、灶户、外国商人放贷，民间借贷组织发展也很快，以同乡会馆与合会为主的信用合作团体放贷、以票号及钱庄为主的金融业放贷、典当行业的放贷发展都非常迅速。该时期不仅借贷主体众多，关系复杂，私人贷款合约利率也因时间及借贷主体的不同而多样化，并呈逐渐下降趋势。

■《中华人民共和国合同法》

第五十二条：有下列情形之一的，合同无效：

（一）一方以欺诈、胁迫的手段订立合同，损害国家利益；

（二）恶意串通，损害国家、集体或者第三人利益；

（三）以合法形式掩盖非法目的；

（四）损害社会公共利益；

（五）违反法律、行政法规的强制性规定。

第一百九十六条：借款合同是借款人向贷款人借款，到期返还借款并支付利息的合同。

第一百九十七条：借款合同采用书面形式，但自然人之间借款另有约定的除外。

借款合同的内容包括借款种类、币种、用途、数额、利率、期限和还款方式等条款。

第一百九十八条：订立借款合同，贷款人可以要求借款人提供担保。担保依照《中华人民共和国担保法》的规定。

第二百条：借款的利息不得预先在本金中扣除。利息预先在本金中扣除的，应当按照实际借款数额返还借款并计算利息。

■《最高人民法院关于审理民间借贷案件适用法律若干问题的规定》

第十三条：借款人或者出借人的借贷行为涉嫌犯罪，或者已经生效的判决认定构成犯罪，当事人提起民事诉讼的，民间借贷合同并不当然无效。人民法院应当根据合同法第五十二条、本规定第十四条之规定，认定民间借贷合同的效力。

……

第二十六条 借贷双方约定的利率未超过年利率24%，出借人请求借款人按照约定的利率支付利息的，人民法院应予支持。

借贷双方约定的利率超过年利率36%，超过部分的利息约定无效。借款人请求出借人返还已支付的超过年利率36%部分的利息的，人民法院应予支持。

40. 认识家教：家教服务起纠纷，教育机构违约退费

 我想知道 >>>

学习本来是我自己的事，父母望子成龙心切，聘请了家教帮我学习。我体谅父母的良苦用心，可是所谓的家教对我真的有用吗？

 身边案例 >>>

2013年11月，为了让读初三的儿子能进重点高中，黎女士与××教育咨询公司签订了一份《家庭教育咨询服务协议》，约定××公司为黎女士提供教育理念、家庭教育目标、子女教育规划等全方位的家庭教育咨询服务，承诺为黎女士儿子获得名校入学考试资格。签约后，黎女士付款25000元，××公司出具了名为"推荐名额渠道费"的收据。

2014年2月，某高校附中在本校招生网上发布公告，表示学校自主选拔网上报名已开始，欢迎有意向的初中毕业生报名，学校将在已报名的同学中遴选部分同学参加"综合素养调研活动"。黎女士随即将儿子参加该校自荐报名的QQ登录号、密码及报名号告知××公司，××公司确认收到信息。之后，黎女士没有等到通知，儿子未能参加该校"综合素养调研活动"。

同年4月，黎女士向消费者权益保护部门投诉，要求解除与××公司签

订的《服务协议》。因协商未果，黎女士于当年11月将××公司及其法定代表人告到法院。黎女士认为，《服务协议》系通过不正当手段获取面试资格，有违公平竞争的教育原则，××公司收取"推荐名额渠道费"没有合法依据，要求确认《服务协议》无效，返还已支付的25000元，××公司法定代表人对返还钱款承担连带责任。××公司及其法定代表人则认为，首先，双方所签协议主体适格，目的合法，没有原告所说的"托关系、走后门"等不正当手段和意图，不存在无效情形。其次，签约后，××公司向原告提供了指导填写学生信息表，接受、评估学生各类资料，确认学生特点并进行推荐等工作，其间没有违约行为。再次，原告是因为儿子可以作为特长生被推荐进入另一所高中而想终止合同，根据协议，这种情况下原告所付费用不予退还。因此，请求法院驳回原告诉请。

2015年5月12日，长宁法院对本案做出一审判决：被告××公司返还原告黎女士22000元，××公司法定代表人对还款承担连带责任，驳回黎女士其他诉讼请求。

家教服务的各方之间建立的是教育服务合同关系，其具有如下的法律性质：第一，教育服务合同为一种民事法律行为；第二，教育服务合同是两方以上当事人的意思表示一致的民事法律行为；第三，教育服务合同的目的是实现一定的教育目的；第四，教育服务合同是当事人各方在平等、自愿的基础上产生的民事协议。

近年来，法院受理的教育服务合同纠纷案件逐年递增。依合同内容看，从幼儿早教到小学生课外辅导，从初、高中学生升学指导到成年人专项技能培训，课程内容及学员年龄的覆盖面都较为宽广。这一方面反映出社会对教育资源的较大需求，但同时也暴露出教育培训市场还存在不少问题。由于教育服务合同不在我国《合同法》规定的有名合同之内，属于无名合同，因此实践中会产生各种各样的疑惑和纠纷。

教育服务合同属于继续性合同，其内容不是一次给付就可完结的，而是继续地实现的合同。时间因素在教育合同履行中占有重要地位，随着履行时间的推移会在当事人之间不断地产生新的权利义务关系。教育机构的变更、教师变动、课程安排、教学安排等都会受到合同期限的影响。教育目标的实现很复杂，涉及的因素非常多。教育合同的履行原则主要有适当履行原则、协作履行原则、经济合理原则、情势变更原则等。适当履行原则又叫全面履行原则，是指当事人按照合同约定的标的及其质量、数量，由适当的主体在适当的履行期限、履行地点，以适当的履行方式，全面完成合同义务的履行原则。教育的目的是培养德、智、体、美、劳全面发展的人才，教育服务合同具有履行义务的无形性。虽然受教育者支付了有形的教育费，但教育机构提供的教育服务却是传授知识、促进受教育者全面发展这一行为，履行义务的质量标准较难确定。同时，教育合同的履行结果具有不确定性。因课程设置、教师教学水平、社会环境的影响和受教育者天资高低与努力程度等的不同，同样的教育服务，最终的教育效果不尽相同。因此，受教育者素质是否提高和提高多少，并不能完全反映教育机构是否适当履行了教育服务合同。

对于教育合同订立纠纷，受害人可以要求对方承担缔约过失责任，赔偿自己的损失。缔约过失责任的赔偿范围为信赖利益的损失，包括缔约费用、准备履行所支出的费用、"误学损失"等。在非法办学导致教育服务合同无效时，学生对于因浪费时间导致的"误学损失"，有权要求赔偿，赔偿数额应当按照学生在相同时间内接受同种教育所应当支付的费用作为基准。对于教育服务合同履行纠纷，可针对不同情况做不同的处理：涉及学校的管教权和学生权利之间的纠纷，双方当事人可以协商解决；涉及学生受教育权、学习成绩、毕业合格认定的纠纷，受教育者可以向教育机构的上级教育行政部门提起申诉，也可以向法院提起诉讼。对于委托培养教育合同纠纷，应该在衡量教育机构、委派单位和受教育者三方利益的前提下妥善处理，如可以由教育机构向受教育者延长受教育年限或由委派单位向教育机构支付违约金等。

就本案来看，相关证据表明××公司收取的是"推荐名额渠道费"，但从《服务协议》内容看，双方建立的是教育咨询服务合同关系。签约后，

××公司收取学员资料并指导原告提供学员各类证书等，属正常的报考筹备工作。原告并无证据表明双方约定通过××公司的"特殊渠道"为原告儿子谋取名校面试资格等不正当利益的情形。因此，原告要求确认《服务协议》无效，法庭难以支持。庭审中原告表示，如确认协议无效的诉请未获支持，则请求法院依据××公司未提供协议约定的任何服务，支持其另外两项诉请。××公司自认某高校附中是双方确认的目标学校，但在收到原告儿子参加该校自荐报名的相关信息后，××公司并未向原告提供任何辅助原告儿子参加该校自主招生相关考试的服务，或采取过相应措施。原告儿子最终未能被遴选参加该校组织的"综合素养调研活动"，××公司存在怠于履行义务的情形，对原告儿子考入目标学校产生重要不利影响。合同已不可能继续履行，但××公司为原告提供了部分咨询及指导服务，因此，法庭酌定××公司返还黎女士22000元。同时，××公司系一人有限公司，法定代表人未提供任何证据证明其财产独立于该公司，因此，法定代表人应对公司债务承担连带责任。

 **多长点知识 >>>**

积叶成书的故事

  元末明初文学家陶宗仪，少年参加乡试不中，即发愤读书，刻苦钻研学问，具有很深的古典文化积淀。陶宗仪的诗歌、散文都写得不错，在民间流传甚广。他对书法艺术也很有研究，跟舅舅赵雍练了一手好篆字，经常为人题词、撰写对联。

  元朝末年，天下大乱，人民生活痛苦不堪。陶宗仪因为贫穷，在家乡难以度日，就背井离乡，到江苏松江的一家私塾教书。后来参加进士考试，但没有考中。进士落榜后，他回乡买了几亩地，筑草堂居住，尽享田园山水之乐。他亲自从事一些农业生产劳动，边劳动边教学生学习。每次下地，他都喜欢将笔墨带在身边，辍耕休息树荫下，唱几支歌，吟几首诗，与学生一起对对子、说笑话、行酒令，逍遥自在，其乐无穷。他经常利用田间劳作休息时间，坐在田埂边上看书。看一阵书，他放下书本，捧着早已备好的笔砚，走到不远处的一棵大树下，信手扯下数片树叶，以树叶当纸，记下阅读的心得体会和耳闻目睹的重要事情。待到片片树叶上写满了字的时候，他把它们小心翼翼放在大树下晾着。收工时，陶宗仪把带字的树叶带回家，将它们存贮在瓦罐中。贮满了，就把瓦罐埋在屋后的大树根下。就这样，陶宗仪日复一日，年复一年，不断写书，不断积累。十几年间，竟然积满了数十瓦罐。到了晚年，他让学生们挖出那些瓦罐，指导他们把树叶记载的资料，分门别类，抄录整理，编写了一部三十卷的《南村辍耕录》。

在这部书中，琴棋书画、字帖碑刻、语言文字、种子技术、风土人情、历代掌故、街谈巷议等等，都有记载，可谓包罗万象。《南村辍耕录》对于研究古代生产、科技、经济、政治、历史、文化、风俗等，都有一定的参考价值，为学术界所重视。

《南村辍耕录》是一片片树叶"写"成的。由此，"积叶成书"的写作佳话得以流传。

这些法律和我相关 >>>

■《中华人民共和国合同法》

第五十二条：有下列情形之一的，合同无效：

……

（三）以合法形式掩盖非法目的；

……

■《中华人民共和国教育法》

第八十三条：违反本法规定，侵犯教师、受教育者、学校或者其他教育机构的合法权益，造成损失、损害的，应当依法承担民事责任。

41. 认识校外实习：大四学生实习受伤，工伤认定被驳回

在即将踏入社会走上工作岗位之前，我联系了实习单位，开始为新的人生之路做足准备。在实习这一时期内，我和学校、实习单位之间存在哪些法律上的关系？

林某今年23岁，是福建某大学学生。大四下学期，他到厦门一家工程公司实习。双方未签订书面劳动合同，公司也没有为林某缴纳社会保险费。不过，公司对林某进行考勤登记，也为他提供住宿。而且，根据银行账户支付记录，公司曾给林某发过"工资"。一天，林某跟随公司员工到厦门某高校卸货时，被飞出的螺丝击中鼻梁。林某住院治疗，公司先后为他支付了1万多元的医疗费用。出院后，林某向厦门市人力资源和社会保障局申请工伤认定。但是，由于未能确认双方之间存在劳动关系，他的工伤申请最终未能如愿。随后，林某起诉到思明区法院，请求判决确认他和公司之间存在"事实劳动关系"。

法院审理认为，林某虽已年满18周岁，但是，他进入公司时身份仍是在校学生，尚未毕业。在校学生不属于《劳动法》意义上的劳动者，在实习期间，不能与单位形成劳动关系，不具有企业职工的身份。因此，实习生不符合《工伤保险条例》规定的受偿主体资格，林某不享受工伤保险待遇。因此，认定林某和公司之间不存在劳动关系。

法律告诉你 >>>

劳动合同，是指劳动者与用人单位之间确立劳动关系，明确双方权利和义务的协议。订立和变更劳动合同，应当遵循平等自愿、协商一致的原则，不得违反法律、行政法规的规定。劳动合同依法订立即具有法律约束力，当事人必须履行劳动合同规定的义务。

学生在用人单位实习，实际参与劳动和工作，在这一过程中难免会遇到侵害身体健康权益的情况。在校生在实习中和实习单位是否存在劳动关系？权益受损时应当由谁负责？这一问题的关键，在于在校生在实习过程中受伤，其身份是学生，相关法规并没有明文确定与实习单位存在劳动关系。如果确认劳动关系，按照《劳动法》和《工伤保险条例》的规定，劳动者在用人单位受伤后，应当进行工伤认定，医疗费用由工伤保险或者由没有办理工伤保险的单位支付；如果不属于劳动关系，实习生很难按照《劳动法》或者《工伤保险条例》来进行工伤认定。根据劳动部1996年8月12日颁布的《企业职工工伤保险试行办法》第61条规定："到参加工伤保险的企业实习的大中专院校、技工学校、职业高中学生发生伤亡事故的，可以按照本办法的有关待遇标准，当地工伤保险经办机构发给一次性待遇。工伤保险经办机构不向有关学校和企业收取保险费用。城镇个体经济组织中的劳动者的工伤保险，由省、自治区、直辖市参照本办法的有关规定制定办法。"这一规定对在校生在实习过程中受伤的情况做出了明确的规定，但是国务院2003年4月27日颁布的《工伤保险条例》将此项规定完全删除，而且没有另外做出规定。

关于实习学生的工伤认定问题，各地实施《工伤保险条例》办法中有不同的规定,给权益受到侵害的实习生保护自己合法权益造成一定的困难。虽然学生实习受伤不能按照劳动案例来处理,但并不意味着实习生在劳动中受到的伤害应当由其自己负责。具体说来,在校实习生在实习中受伤的责任归属应当区分为三种情况认定:一是在校生的实习是通过学校安排、推荐的。在这种情况下,一方面用人单位作为实习生进行劳动的劳动条件提供人,劳动工作的安排指挥者和劳动成果的获得者,应当为实习生提供符合国家规定的安全卫生的劳动条件,当实习生在劳动中受到伤害时承担相应的法律责任。另一方面,学校作为学生的施教者、管理人和实习活动的推荐者应当预见实习生在实习劳动中必然存在和可能出现的风险并承担相应的法律风险。因此,学校和用人单位应当对实习生承担连带赔偿责任,实习生可以选择要求其中一方或者两方承担赔偿责任。如果学校与用人单位事先对责任的分担有约定的,双方可以按照约定分担责任,但该项约定不能构成任何一方对实习生受伤的免责。二是在校生的实习过程未经学校安排或者推荐。实践中,由于实习生的学习时间灵活,可以根据自己的安排进行实习。实习单位接收实习生也不需要学校的有关推荐或者证明资料,实习活动是学生自行联系的,实习过程也没有向学校老师或者有关部门报告。在这种情况下,只要学校在平时的监管活动中尽到了监管责任,对学生自行联系实习可能出现的问题进行了适当的告知或宣传活动,就应当由实习单位对实习生的受伤承担主要责任。因为,实习单位作为实习生劳动条件提供人,劳动工作的安排指挥者和某种程度劳动成果的获得者,负有为实习生提供符合国家规定的安全卫生的劳动条件的责任。学校对学生负有监管的义务,应当尽可能地保障学生的人身安全,基于此种监管责任,学校对在校生在实习中受伤承担补充责任。即在用人单位不能支付全部赔偿费用危害到受伤学生的治疗或康复时,由学校先行垫付相关费用。三是参与实习的在校生是未成年人。在这种情况下,无论该学生的实习活动是否有学校的参与,学校都应与实习单位一起对该学生在实习中的受伤负连带责任。因为,学校对未成年的学生应当给予更多的关注和更严格的管理。未成年学生的行为能力有限,学校对其承担较之其他成年学生更重的监管责任。

目前,多数实习生的工伤保障处于空白状态,一旦发生重大伤害,很容易出现学校和用人单位互相扯皮的情况,最终受伤的还是实习生这个弱势群体。因此,学校要加强对在校生实习的管理,政府有关部门要适时出台规定,必须强制企业为实习生购买商业保险。对那些不为实习生购买商业保险的企业,可以制定相关的处罚措施,并监管到位。

最低工资标准

最低工资标准亦称最低工资率,是指单位时间的最低工资数额,是对劳动者劳动报酬最低限度的保障。用人单位支付劳动报酬不得低于政府公布的最低工资标准。最低工资标准一般按月确定,也可按周、日或小时确定。最低工资标准由省、自治区、直辖市人民政府规定,报国务院备案。

最低工资标准的确定问题,是最低工资保障制度中的核心问题。确定和调整最低工资标准,一般应考虑以下因素:(1)工人及其家庭的基本生活需要。劳动者本人及其赡养人口的最低生活费用,包括吃、穿、住、用、行等方面,一般是根据国家统计调查资料,确定一定比例的最低人均收入户为贫困户,统计出贫困户的人均生活费用支出水平,乘以每一个劳动者的赡养人口系数来计算。(2)社会平均工资水平。社会平均工资水平是指政府统计部门提供的职工平均工资水平、最低工资标准应当低于职工平均工资,国际上确定的最低工资标准一般相当于职工平均工资的40%至60%。(3)就业状况。就业状况主要指失业率。所谓失业率,是指失业人数在劳动力人口中所占的比例。失业率偏高时,最低工资标准不宜定得太高,否则,不利于扩大就业。(4)地区之间经济发展水平的差异。《劳动法》规定,最低工资标准由省、自治区、直辖市人民政府规定。这一规定的目的就是要充分考虑地区之间经济发展水平差异这个因素。经济发展水平相对较高的地区,最低工资标准可以相对高一些,经济发展较为落后的地区,最低工资标准则相对低一些。

这些法律和我相关 >>>

■《中华人民共和国劳动法》

第三条：劳动者享有平等就业和选择职业的权利、取得劳动报酬的权利、休息休假的权利、获得劳动安全卫生保护的权利、接受职业技能培训的权利、享受社会保险和福利的权利、提请劳动争议处理的权利以及法律规定的其他劳动权利。

劳动者应当完成劳动任务，提高职业技能，执行劳动安全卫生规程，遵守劳动纪律和职业道德。

第六十四条：不得安排未成年工从事矿山井下、有毒有害、国家规定的第四级体力劳动强度的劳动和其他禁忌从事的劳动。

第六十五条：用人单位应当对未成年工定期进行健康检查。

■《中华人民共和国劳动合同法》

第七条：用人单位自用工之日起即与劳动者建立劳动关系。用人单位应当建立职工名册备查。

第八十二条：用人单位自用工之日起超过一个月不满一年未与劳动者订立书面劳动合同的，应当向劳动者每月支付二倍的工资。

用人单位违反本法规定不与劳动者订立无固定期限劳动合同的，自应当订立无固定期限劳动合同之日起向劳动者每月支付二倍的工资。

■《工伤保险条例》

第十四条：职工有下列情形之一的，应当认定为工伤：

（一）在工作时间和工作场所内，因工作原因受到事故伤害的；

（二）工作时间前后在工作场所内，从事与工作有关的预备性或者收尾性工作受到事故伤害的；

（三）在工作时间和工作场所内，因履行工作职责受到暴力等意外伤害的；

（四）患职业病的；

（五）因工外出期间，由于工作原因受到伤害或者发生事故下落不明的；

（六）在上下班途中，受到非本人主要责任的交通事故或者城市轨道交通、客运轮渡、火车事故伤害的；

（七）法律、行政法规规定应当认定为工伤的其他情形。

第十五条：职工有下列情形之一的，视同工伤：

（一）在工作时间和工作岗位，突发疾病死亡或者在 48 小时之内经抢救无效死亡的；

（二）在抢险救灾等维护国家利益、公共利益活动中受到伤害的；

（三）职工原在军队服役，因战、因公负伤致残，已取得革命伤残军人证，到用人单位后旧伤复发的。

职工有前款第（一）项、第（二）项情形的，按照本条例的有关规定享受工伤保险待遇；职工有前款第（三）项情形的，按照本条例的有关规定享受除一次性伤残补助金以外的工伤保险待遇。

第十六条：职工符合本条例第十四条、第十五条的规定，但是有下列情形之一的，不得认定为工伤或者视同工伤：

（一）故意犯罪的；

（二）醉酒或者吸毒的；

（三）自残或者自杀的。

42. 认识童工：虚报年龄招童工，违法辞退受处罚

未成年人辍学之后，没有达到国家规定的用工年龄，能够被招录为职工吗？

某企业到辍学学生白某家乡招收女工，白某前去报名并被录取。由于白某真实年龄只有 14 岁，企业要求她必须在招工登记表上将年龄填为 16 岁。

进厂后，由于劳动强度较大，又没有正常休息日，两个月后，白某患了重病。某企业决定一次性给付白某 1000 元生活费并将其辞退。后来，白某向县劳动监察部门申诉，经立案调查核实后，认定企业明知白某没有达到法定招工年龄，却有意让其隐瞒年龄进行招用，从事繁重劳动。该行为严重损害了未成年人的身心健康和合法权益，扰乱了劳动力市场的正常秩序，劳动监察部门应依法追究其责任，做出严肃处理。据此，劳动监察部门做出处理决定，责令企业负责治疗白某的疾病，并承担治疗期间全部医疗和生活费用。

法律告诉你 >>>

童工是指未满十六周岁，与单位或者个人产生劳动关系，从事有经济收入的劳动或者从事个体劳动的少年、儿童。根据法律规定，任何组织或者个人不得招用未满十六周岁的未成年人，国家另有规定的除外。

根据我国有关法律法规的规定，文艺、体育和特种工艺单位，确需招用未满十六周岁的文艺工作者、运动员和艺徒时，须报经县级以上（含县级）劳动行政部门批准。文艺工作者、运动员、艺徒概念的界定，由国务院劳动行政部门会同国务院文化、体育主管部门具体规定。未满十六周岁的少年、儿童，参加家庭劳动、学校组织的勤工俭学和省、自治区、直辖市人民政府允许从事的无损于身心健康的、力所能及的辅助性劳动，不属于童工范畴。

十六周岁以上的未成年劳动者是未成年工，国家对于未成年工规定了特殊的保护措施，主要是针对未成年工处于生长发育期的特点，以及接受义务教育的需要，采取的特殊劳动保护。任何组织或者个人按照国家有关规定招用已满十六周岁未满十八周岁的未成年人的，应当执行国家在工种、劳动时间、劳动强度和保护措施等方面的规定，不得安排其从事过重、有毒、有害等危害未成年人身心健康的劳动或者危险作业。

根据《禁止使用童工规定》，不满16周岁的未成年人的父母或者其他监护人允许其被用人单位非法招用的，所在地的乡（镇）人民政府、城市街道办事处以及村民委员会、居民委员会应当给予批评教育。用人单位招用人员时，必须核查被招用人员的身份证；对不满16周岁的未成年人，一律不得录用。县级以上各级人民政府劳动保障行政部门负责本规定执行情况的监督检查。就本案来讲，白某所在的县劳动监察部门应当分别依据我国《劳动法》和《禁止使用童工规定》关于"用人单位非法招用未满16周岁的未成年人的，由劳动行政部门责令改正，处以罚款""违反本规定使用童工的单位或者个人，对被送回原居住地之前患病或者伤残的童工应当负责治疗，并承担医疗期间的全部医疗和生活费用""对违反本规定使用童工单位的法定代表人

（或者主要负责人）和直接责任者，由县级以上劳动行政部门提请有关主管部门给予行政处分""单位或者个人使用童工的，由县级以上劳动行政部门处以罚款，对使用童工的单位，给予从重处罚"的规定，依法做出处理决定。

多长点知识 >>>

世界无童工日

根据联合国儿童基金会提供的数字，全球范围内至少有2.1亿5岁至14岁的童工，如果再把1.4亿15岁至17岁从事"经济活动"的青少年计算在内，童工和童佣的总数超过3.5亿。这些"未成年劳动者"从事的绝大多数是条件差、报酬低、风险高的脏活、累活和苦活。大量童工涌现有其深刻的社会根源。其中，战争、疾病和贫困让许多儿童为求生存不得不过早进入社会，成为受人剥削和奴役的童工。亚太地区是童工最集中的地区，人数达1.27亿，占童工总数的60%；非洲撒哈拉以南地区的童工为4800万，占童工总数的23%。此外，有约840万儿童被拐卖、充当奴隶或被迫从事色情服务。全世界每年有2.2万名童工死于各类工伤事故。

为关注日益严重的童工问题，2002年6月，在日内瓦召开的第90届国际劳工大会决定将每年的6月12日定为"世界无童工日（the World Day Against Child Labor）"，呼吁世界各国密切关注童工问题，并采取切实有效的措施解决这一问题。每年世界无童工日都确定一个主题，以切实体现关切的童工问题的各个方面，从而引导各国政府的解决。多年来，国际社会为解决童工问题做出了不懈努力，但童工现象依然严峻。根据国际劳工组织的统计，全球时下约有2.15亿名15周岁以下的儿童为求生存而被迫沦为劳力，其中有1.15亿名童工所从事的是一些严重伤害儿童身心健康的工作。

日益严重的童工问题已引起许多国家和地区的高度重视。一些国家已采取措施，严格禁止在家务劳动中雇佣15岁以下的儿童。有些国家还成立专门机构，负责维护儿童的合法权益，遏制贩卖儿童和使用童工等丑恶社会现象的蔓延。

 这些法律和我相关 >>>

■《中华人民共和国义务教育法》

第十四条：禁止用人单位招用应当接受义务教育的适龄儿童、少年。

……

第五十九条：有下列情形之一的，依照有关法律、行政法规的规定予以处罚：

（一）胁迫或者诱骗应当接受义务教育的适龄儿童、少年失学、辍学的；

（二）非法招用应当接受义务教育的适龄儿童、少年的；

……

■《中华人民共和国未成年人保护法》

第三十八条：任何组织或者个人不得招用未满十六周岁的未成年人，国家另有规定的除外。

任何组织或者个人按照国家有关规定招用已满十六周岁未满十八周岁的未成年人的，应当执行国家在工种、劳动时间、劳动强度和保护措施等方面的规定，不得安排其从事过重、有毒、有害等危害未成年人身心健康的劳动或者危险作业。

第六十八条：非法招用未满十六周岁的未成年人，或者招用已满十六周岁的未成年人从事过重、有毒、有害等危害未成年人身心健康的劳动或者危险作业的，由劳动保障部门责令改正，处以罚款；情节严重的，由工商行政管理部门吊销营业执照。

■《禁止使用童工规定》

第二条：国家机关、社会团体、企业事业单位、民办非企业单位或者个体工商户（以下统称用人单位）均不得招用不满16周岁的未成年人（招用不满16周岁的未成年人，以下统称使用童工）。

禁止任何单位或者个人为不满16周岁的未成年人介绍就业。

禁止不满 16 周岁的未成年人开业从事个体经营活动。

第十条：童工患病或者受伤的，用人单位应当负责送到医疗机构治疗，并负担治疗期间的全部医疗和生活费用。

……

第十三条：……

学校、其他教育机构以及职业培训机构按照国家有关规定组织不满 16 周岁的未成年人进行不影响其人身安全和身心健康的教育实践劳动、职业技能培训劳动，不属于使用童工。

43. 认识安全保障义务：男孩未购票进公园溺亡谁承担责任

我想知道 >>>

我们会经常进入公共服务场所，当不慎在游玩或者活动的过程中受到身体伤害，服务场所的经营者和管理者应该承担什么责任？

身边案例 >>>

9岁男孩李某与同龄同学王某结伴离家外出游玩。两人来到居所附近的某公园，未买门票即从公园围墙空隙处入园，公园收费检票人员见状未予阻止。

公园内有一个状似游泳池但无安全警示标志的景观池，李某和王某到该景观池边后，李某即下池游泳，王某因水冷而离去，当时园内无工作人员和其他游客。次日上午，李某尸体在公园景观池内被民警发现。为此，李某父母诉至法院，要求该公园赔偿死亡补偿金、丧葬费等损失9万元。

法院经审理后认为，李某虽无票擅入公园，但园方对此明知却不予阻止，故双方在事实上已形成游客与公共服务场所间的服务合同关系。公园作为经营者，对消费者的人身、财产安全负有保障义务，其对有安全风险的景观池未采取任何安全防范措施，对独自游玩的未成年游客未尽到安全注意义务，对事故的发生负有主要过错责任。李某的父母放任李某外出，系未妥当履行监护责任，李某应注意自身安全，不该擅自游泳，也有过错，均应承担相应的责任。据此，法院判决某公园承担主要责任，赔偿李某父母损失5万余元。

法律告诉你 >>>

我国《侵权责任法》第三十七条第一款规定，宾馆、商场、银行、车站、娱乐场所等公共场所的管理人或者群众性活动的组织者，未尽到安全保障义务，造成他人损害的，应当承担侵权责任。如何认定公共场所的管理人或者群众性活动的组织者是否尽到"安全保障义务"是一个非常重要的问题。安全保障义务的来源主要有以下三个方面：一是法律直接规定。法律直接规定安全保障义务，是最直接的安全保障义务的来源。例如我国《消费者权益保护法》规定，消费者在购买、使用商品和接受服务时享有人身、财产安全不受损害的权利。消费者有权要求经营者提供的商品和服务，符合保障人身、财产安全的要求。二是合同约定的主义务。如果当事人约定的合同义务中规定，合同的一方当事人对另一方当事人负有安全保障义务的，合同当事人应当承担安全保障义务。例如订立旅客运输合同，旅客的人身安全保障义务就是合同的主义务，当事人必须履行这种义务。三是法定的或者约定的合同附随义务。按照诚信原则，一方当事人应该对另一方当事人提供安全保障义务，该方当事人也应该负有安全保障义务。例如，餐饮业、旅馆业向顾客提供服务，应当负有保障接受服务的客人人身安全的义务。

经营者对消费者的安全保障义务可分为硬件方面的义务和软件方面的义务。在硬件方面，经营者应当持证合法经营，对消费者开放的经营场所及其配套设施、设备应当安全可靠，符合国家强制标准或行业标准，并应当配置有数量足够的、合格的安全保障人员。在软件方面，经营者提供的服务内容及服务过程应当是安全的，包括对不安全因素的提示、警示、劝告，制止第三方对消费者的侵害，对消费者已经或正在发生的危险予以积极救助等。考察经营者是否已履行了安全保障义务,主要看是否达到了法律、法规、规章、操作规程等所要求达到的程度,是否达到了同类经营者所应当达到的通常注意程度,是否达到了一个诚信善良的经营者应当达到的注意程度。经营者对消费者负有侵权法上的安全保障义务,同时也负有合同法上的安全保障义务。在损害后果发生后,受害方可选择侵权责任或违约责任向经营者主张损害赔偿。一般情况下,选择侵权赔偿更有利于对受害消费者的保护。

对于未成年人的安全保障义务,如果在一个经营活动领域或者一个社会活动领域,存在对儿童具有诱惑力的危险时,经营者或者社会活动组织者必须履行最高的安全保障义务,应当采取的保障义务包括:其一,消除这个危险,使之不能发生;其二,使未成年人与该危险隔绝,使其无法接触这个危险;其三,采取其他措施,保障不能对儿童造成损害。没有实施这些保障措施,即为违反安全保障义务。

本案中,某公园景观池内曾有游客游泳时淹死,公园应当知道该池对游客存在安全风险,理应实施设置明确警示标志等措施。但公园没有采取任何安全防范措施,致使李某下池游泳而淹死。因此,该公园未履行对游客法定的安全保障义务,已构成侵权。该公园默认李某入园游乐,双方即建立合同关系,公园就负有注意游客安全并予以合理保护等附随义务,尤其是在游客为未成年人且无监护人在场的情况下,公园应对其履行较之于成年游客更谨慎的安全保障义务。因此,某公园让李某入园游玩,且不发现、不阻止其在有安全风险的水池内独自游泳,系未履行对游客约定的安全保障附随义务,已构成违约。

多长点知识 >>>

我国古代帝王的安保措施

我国古代保卫国家领导人的条例在古代叫皇家(王家)禁卫制度。古代国家领导人居住与办公地,称为"禁地",故其警卫人员称为"禁卫",警卫队称为"禁军"。在夏商周三代时期,就有相对完备的一套制度,记录周代典章制度的《周礼》中,便出现了负责王家禁卫的专业人员,安保设计相当周密。负责周王安保工作的叫"宫正","掌王宫之戒令纠禁,以时比宫中之官府、次舍之众寡,为之版以待"。宫正负责周王宫中禁令的制定和日常纠察、查禁,按时检查王宫中各官府及值宿守卫人员,并做好记录,整理成册,以备查验。如果遇到突发事件,警卫人手不够,则会紧急征调各官府的官员子弟参与警卫,对进出人员严格盘查,禁止宫内外人员不按规定时间进出王宫。如果有需要,可随时对可疑人员进行检查,甚至搜身,即所谓"稽其功绪,纠其德行,几其出入"。当时周王禁地内明暗岗哨多多,"周庐千列,设戟百重",欲行刺杀很难得逞。

进入封建社会后,保卫国家领导人的警卫人员数量大大增加,形成了完整的警卫体系,出现了独立的武装警卫队。总的来说,越往后安保的规格越高,尤以宋、明两代最为严密。

宋朝禁军规模之庞大、体系之复杂,都是以往所没有的。开国皇帝赵匡胤,曾任后周禁军将领"殿前都点检",又是通过兵变坐上皇帝宝座的,深知警卫队的重要,所以,他格外重视禁军的组建。在营建禁卫精兵的同时,赵匡胤又收编地方军,扩充中央禁军,组建了史上最庞大的国家警卫队。

宋太祖开宝年间,全国军人37.8万人,其中禁军便有19.4万人。禁军很讲究训练,《水浒传》中的林冲便是汴京八十万禁军教头,其枪棒功夫尤其出色。"京军"中担任皇帝警卫任务的"精兵",要求日日练武,骑兵每天五练,步兵每天四练。但宋代禁军实在太多,后来朝廷每年都进行一次禁军整并。到南宋时,禁军的规模便缩减很多。

到了明朝,对国家领导人的保卫更为严密。其中最突出的一点,是引进了现代警卫制度中的"秘密警察"制度。在尚未称帝时,开国皇帝朱元璋便建立了自己的直属警卫团"侍卫上直亲军拱卫司",称帝后次年又扩编为"亲军都督府"。明代军事单位分卫、所,卫的负责人称为"卫指挥使"。在全国军队卫、所基础上,朱元璋于洪武十五年(1382年),撤销了此前的皇家警卫团"亲军都督府"和"仪鸾司",创造了一支新的皇家警卫力量"锦衣卫亲军指挥使司",简称"锦衣卫"。随后又组建了"旗手卫""府前军卫"等十二个禁卫机构,总称"上十二卫"。十二卫的指挥权不属于明朝的国防部"五军都督府",而是由皇帝直接掌控。明成祖朱棣对这套安保体系很青睐,篡位当了皇帝后便恢复了一度被朱元璋撤销的锦衣卫镇抚司,并将十二卫亲兵扩充为二十二卫,建立了一套比汉唐更先进的、"军队与警察"相结合的国家领导人保卫体系"五城兵马司"。更恐怖的是,朱棣设了"东厂",这是直接听命于皇帝的秘密组织,厂主都是皇帝宠信的太监。朱见深(明宪宗)当皇帝时又设立了"西厂"。虽然存在时间不长,但与东厂一样,是臭名昭著的秘密警察机构。锦衣卫、东厂、西厂与正常的警卫力量,织成了明朝强大的国家领导人保护网,对社会控制空前强大。

这些法律和我相关 >>>

■《中华人民共和国侵权责任法》

第三十七条:宾馆、商场、银行、车站、娱乐场所等公共场所的管理人或者群众性活动的组织者,未尽到安全保障义务,造成他人损害的,应当承担侵权责任。

……

■《中华人民共和国消费者权益保护法》

第七条:消费者在购买、使用商品和接受服务时享有人身、财产安全不受损害的权利。

消费者有权要求经营者提供的商品和服务,符合保障人身、财产安全的要求。

第十八条:经营者应当保证其提供的商品或者服务符合保障人身、财产安全的要求。对可能危及人身、财产安全的商品和服务,应当向消费者作出真实的说明和明确的警示,并说明和标明正确使用商品或者接受服务的方法以及防止危害发生的方法。

宾馆、商场、餐馆、银行、机场、车站、港口、影剧院等经营场所的经营者，应当对消费者尽到安全保障义务。

■《中华人民共和国合同法》

第六十条：当事人应当按照约定全面履行自己的义务。

当事人应当遵循诚实信用原则，根据合同的性质、目的和交易习惯履行通知、协助、保密等义务。

44. 认识交通事故：中学生骑摩托车遭遇连环车祸

小心驶得万年船，交通事故猛于虎。随着机动车数量的大幅增加，大量的交通事故让人触目惊心，怎样才能树立规则意识、珍惜爱护生命？

2015年5月12日下午5点10分，山东费县交警大队事故中心接到报警称，在岚济省道费县××镇××村附近发生一起车祸，一辆摩托车倒地后，后座上的一个女孩被后面来的半挂集装箱货车碾压过去，当场死亡。据办案民警介绍，一辆黑色的二轮弯梁式的摩托车倒在路南机动车与非机动车道分界线上，距离摩托车向西大约十米远的路面上，躺着一个女孩，头部已被车轮从脖子处碾压粉碎，惨不忍睹。

肇事货车停在二轮摩托车东边近百米处。货车司机拥有A2型驾驶证。事发时，他开车拉了大约20吨麸皮，沿着岚济省道由西向东行驶，走到出事路段时，他看到前边路南非机动车道里好像停着一辆电动三轮车，就在他驾驶的货车车头超过那辆三轮车时，突然听到一声很大的响声，像是什么物体摔倒在地上的声音。货车司机从后视镜里往后看，发现是一辆摩托车摔倒了，而他超越三轮车之前并没有发现这辆摩托车，紧接着感觉货车的右后轮胎"咯噔"一下被什么硌了一下。他顿时感觉不对，赶紧停下车跑回去，一看才发现路边躺着一个人，头部完全被碾碎了。货车司机对交警讲，他超越电动三轮车时是在机动车道内，横向距离电动三轮车大约有近两米远。出事前他根本就没有发现后面那辆摩托车。

民警在勘查现场的时候，找到了被突如其来的惨祸吓傻了的男孩鲍某。鲍某刚满15岁，是某中学三年级的一名学生，因为学校宿舍翻修学生无法住校，学校距离家路程较远，他来回骑自行车上学要花不少时间，家里有一辆二轮摩托车，于是他就骑着它上学。当天下午放学后，鲍某没有像往常一样自己骑摩托车离校回家，因为在放学之前，女同学付某说要让他载她回家。付某和自己是邻村，鲍某就很爽快地答应捎带她回家，可他怎么也不会想到一场大祸降临他们的头上。

据办案民警介绍，事故发生的主要原因是鲍某无证驾驶机动车，乘员均未戴安全头盔，未按规定车道行驶，在不具备超车条件的情况下强行超车引发此起事故。

法律告诉你 >>>

根据《中华人民共和国道路交通安全法》的规定，道路交通事故是指车辆在道路上因过错或者意外造成的人身伤亡或者财产损失的事件。车辆包括机动车和非机动车，机动车中有各类汽车、摩托车和拖拉机等，是用发动机或电动马达驱动的车辆。道路是指公路、街道、胡同、里巷、广场、停车场等供公众通行的地方。

就本案来讲，事故是由于混合过错造成，摩托车驾驶人鲍某及其监护人、货车司机及其车主、电动三轮车驾驶人及其车主、受害人付某自身乃至就读的学校，都不排除成为民事赔偿责任的主体。具体要看《交通事故责任认定书》对于事实和责任划分情况进行分析。从新闻报道提供的信息来看，摩托车驾驶人鲍某无证驾驶机动车辆、违规变道超车，应该是该事故发生的主要过错方,其应当根据过错程度对于事故后果承担主要责任。由于鲍某系未成年人,其监护人放任其驾驶摩托车上路,没有尽到监护责任,应对其被监护人造成的民事后果承担赔偿责任。尽管事故造成一人死亡的严重后果,但由于摩托车驾驶人鲍某没有达到十六周岁,不构成交通肇事罪。

货车司机拥有 A2 型驾驶证,在正常车道行驶,如果排除超载、应当注意前方车辆而未注意等违法因素的话,其对于事故发生无过错不予承担法律责任。当然,如果不能排除违法因素,司机也要根据其过错承担相应的责任。某初级中学存在安全教育和管理上的过失。因为学校宿舍翻修学生无法住校,学校应当预见离家比较远的学生走读可能带来的危险性,既没有方便学生的措施,加强对学生的安全教育,又没有对骑摩托车的学生的违法行为进行制止,对于事故的发生存在一定过错,应根据事故发生原因力的大小承担相应的民事赔偿责任。事故受害人知道摩托车驾驶人鲍某是未成年,无驾驶机动车资格,依然主动要求搭乘,主观上对于事故的发生具有一定过错,因此可以适当减轻其他侵权人的责任。

走车马伤杀人罪

在闹市飙车,不仅仅是现代的产物,古代的"官二代""富二代"也有在众目睽睽之下,于闹市飙车跑马草菅人命的恶习。为了制止这些疯狂的举动,从唐代开始,就已经有了相关的法律条文。到了宋朝,针对这类"交通肇事"行为,官府还专门立法,叫"走车马伤杀人罪"。

《宋刑统》规定:"诸于城内街巷及人众中,无故走车马者,笞五十……"条文中的"走",不是指"行走",而是"疾跑"的意思。"走车马"就是策马疾驰或驾车疾行。也就是说,宋朝政府对市区交通实行"限速"制度,除非有公私紧急事情,任何人不得在城市街巷以及有三个行人以上的地方快速策马、驾车,否则,不管有没有撞伤行人,均给予"笞五十"的刑罚。

宋代欧阳修《卖油翁》一文中提到的陈尧咨，曾任长安城内的知永兴军（相当于长安市长）。其旧交有个儿子李衙内，在他走马上任前后目无法纪，横暴无理，经常纠集一干人等，于闹市之中飙车跃马。陈尧咨对此素有耳闻，走马上任后便派人密切关注他们的一举一动。一次，李衙内伙同狐朋狗友在闹市驾车疾驰，沿途撞翻压碎路旁摊点物品，被陈尧咨派出的人员逮了个正着。虽然因为路人躲避及时没有造成人员伤亡，但还是数罪并罚，每人被鞭笞五十大板，并责令他们对毁坏的物品加倍赔偿。对旧交的儿子李衙内的责罚与其他人等一视同仁，丝毫不徇私情，陈尧咨的严厉执法震慑了这帮胡作非为的官二代。

淳熙年间，朱熹任南康知军期间，当地有个官二代孙衙内，在闹市跃马，踩伤一名儿童，由于伤势严重，伤者没多久就死了。朱熹知道此事后，立即命令一个吏人，将肇事者孙衙内送入监狱，等候审判。第二天一大早，朱熹便交代具体负责审理这起肇事案的法官，按照法律先将这个孙衙内打五十板子再说。晚上，为了解情况，朱熹亲自到监狱中查验，却发现孙衙内毫发未损，没有一点被打过板子的样子，这才知道肇事者已买通吏人。朱熹大怒，立即将吏人与肇事者一同连夜提审。第二天，吏人就被"杖脊"并开除公职。面对来替孙衙内求情的人，朱熹不但不买账，反而把脸往下一沉，说道："人命所系，岂可宽弛……"

要维护社会的秩序和百姓的生命财产安全，不但要有周密的法律，还要有像陈尧咨和朱熹这样公事公办、不徇私情的官员。

 **这些法律和我相关 >>>**

■《中华人民共和国道路交通安全法》

第十九条：驾驶机动车，应当依法取得机动车驾驶证。

申请机动车驾驶证，应当符合国务院公安部门规定的驾驶许可条件；经考试合格后，由公安机关交通管理部门发给相应类别的机动车驾驶证。

……

第五十一条：机动车行驶时，驾驶人、乘坐人员应当按规定使用安全带，摩托车驾驶人及乘坐人员应当按规定戴安全头盔。

第七十六条：机动车发生交通事故造成人身伤亡、财产损失的，由保险公司在机动车第三者责任强制保险责任限额范围内予以赔偿；不足的部分，按照下列规定承担赔偿责任：

（一）机动车之间发生交通事故的，由有过错的一方承担赔偿责任；双方都有过错的，按照各自过错的比例分担责任。

……

■《中华人民共和国侵权责任法》

第四十八条：机动车发生交通事故造成损害的，依照道路交通安全法的有关规定承担赔偿责任。

45. 认识高空抛物：高空坠物"飞来横祸"谁担责

生活在"城市森林"之中，鳞次栉比的高楼大厦耸立在我们上学、放学的路旁，从高处掉落的物品不幸砸中行人的案例时有发生。也许每个人都会身处这样的危险境地，为了避免险情发生，法律会有哪些特殊的规制措施？

2012年4月28日3时许，在丽水市区××小学读二年级的小姑娘贝贝像往常一样，放了学和几个同学一起走路回家。经过灯塔小区97幢楼下时，突然，一块琉璃瓦片从高空坠落，恰好砸中了她的头部。随后，贝贝被紧急送往医院抢救，经过33天的住院治疗，贝贝脱离危险，但经鉴定，贝贝头部开放性左顶骨凹陷性粉碎性骨折伴气颅、左顶叶脑挫裂伤、头部软组织挫伤，构成人体损伤十级残疾，遗留脑外伤所致精神障碍，构成人体损伤十级残疾，两个十级，晋升一级，构成九级残疾。

贝贝的父亲葛某是浙江丽水人，今年已经41岁，住在丽水××小区内。贝贝还有一个5岁的妹妹，一家4口人都靠贝贝爸爸一个人在银行当保安的工资生活。本就不富裕的家庭遭遇飞来横祸，家庭负担沉重。葛某遂向莲都法院提起诉讼,要求丽水××小区97幢楼63户业主和小区物业管理公司共同承担责任,赔偿损失二十余万元。

法律告诉你 >>>

高空抛物存在危及人身财产安全的巨大隐患。有数据表明:一个30克的蛋从4楼抛下来就会让人起肿包;从8楼抛下来就可以让人头皮破损;从18楼高甩下来就可以砸破行人的头骨;从25楼抛下可使人当场死亡。

那么,应当如何认识高空抛物行为性质以及可能产生的责任后果呢?《中华人民共和国侵权责任法》第八十七条规定:"从建筑物中抛掷物品或者从建筑物上坠落的物品造成他人损害,难以确定具体侵权人的,除能够证明自己不是侵权人的外,由可能加害的建筑物使用人给予补偿。"这意味着,同一栋楼的业主,除非能够自己证明不是侵权人,否则都要为损失买单。学界和媒体生动直观地戏称该条为"连坐担责",由此也令高空抛物的民责分担被群众广为知晓。

对于高度危险行为,情节严重的,我国《刑法》规定了"以危险方法危害公共安全罪",指采用放火、爆炸、投放危险物质以外的危险方法危害公共安全的行为。该罪要求行为对公共安全造成危害,即不特定多数人的生命、健康或重大公私财产的安全。该罪的行为表现上,必须是除了放火、决水、爆炸、投放危险物质以外的其他危险方法,该种危险方法具有一定的加害性并且与放火、决水、爆炸、投放危险物质的危险性相当,一经实施就可能危及不特定多数人的生命、健康或者重大财产安全。比如司法实践中常见的形式有抢夺方向盘、驾车撞人、私设电网、向公共场所开枪等行为。

这起从天而降的"飞来官司"到底该如何了结呢?该案的侵权事实清楚,过错责任明确,但直接责任人不明确,原告应当如何确定被告?按照《民事诉讼法》的规定,提起民事诉讼应当符合的条件之一是有明确的被告,原告要行使起诉权,提出了明确的被告即可,至于是否为合格的被告,则由人民法院进行审查。根据法律规定,建筑物上的搁置物脱落、坠落造成他人损害的，它的所有人或者管理人应当承担民事责任。本案中，虽然尚不能确定导致琉璃瓦片坠落的直接责任人，但该住宅楼的所有人或管理人是确定的。原告将63户业主和小区物业管理公司作为被告是符合法律规定的。如何寻找真正实施侵害行为的"真凶"？本案中，受害人只需证明损害是由加害人的建筑物上的搁置物脱落、坠落造成的即可，被告则需要证明其无过错，否则即推定其有过错并承担侵害赔偿民事责任。如业主、住户可以运用物理学原理证明从其住宅中落下的琉璃瓦片不可能砸落在贝贝当时所处的位置，或者业主、住户、物业管理公司可以证明其已尽到管理义务等。如果最终没有找到扔琉璃瓦片的人，那么谁来承担赔偿责任？如果法院经过调查取证，仍无法找出致使琉璃瓦片坠落的行为人，即不能确定直接责任人的情况下，法院判决该住宅楼的所有人或管理人即业主、住户共同承担责任，承担责任的大小由法院裁量。

随着城市的楼房越建越高，高空坠物伤人事件也越来越多。其中有天灾，但更多的则是人祸，高空抛掷垃圾、私自加宽阳台……各种陋习不仅影响城市的整洁美观，还威胁着无辜的生命，成为公共安全新的隐患。

多长点知识 >>>

夏威夷的椰树为什么没有成熟的椰子

游客在旅游途中被椰子砸伤，怎么办？许多人可能以为是天灾人祸而自认倒霉，但20世纪60年代，一位美国游客在夏威夷被从天而降的椰子砸死后，其律师弟弟却找到椰树的主人——州政府要求赔偿，并最终经法院判决得到1000万美元的天价赔偿。

大千世界，无奇不有。20世纪60年代的一天，有一位美国富翁去夏威夷旅游，看到那里风景如画的海滩，富翁心旷神怡，躺在夏威夷海滩的一棵椰子树下面，欣赏美丽风光。没想到，天有不测风云，人有旦夕祸福，乐极生悲，富翁头顶那棵椰子树上，一个椰子瓜熟蒂落，无声无息地跌落下来，不偏不倚地砸在富翁头上。一个椰子本来是微不足道的，但是，这个椰子从高高的椰树上坠落下来，就有了很大的加速度，同时，又正好砸在富翁脑袋的要害部位，等到其他旅客发现富翁情况异常，叫来救护车，富翁已经撒手人世，一命呜呼了。

有钱有闲的富翁被从天而降的椰子砸死了，亲属只能默默悲伤，在痛苦中为他办理后事。这个富翁的弟弟是华盛顿州一名律师，听到哥哥死亡的不幸消息，作为律师的他，想得更多的，不是如何办理哥哥的后事，而是谁是椰树的主人，谁应该对哥哥的死亡负责。经过多方调查，律师弟弟得到的回答是，砸死自己哥哥的椰树的主人，竟然就是夏威夷州政府。律师如获至宝，拟写诉状，将夏威夷州政府告上法庭，要求州政府对于哥哥的死亡承担责任，赔偿死者亲属一亿美元。

哪里有被树上跌落的椰子砸了，也要求赔偿的，而且，提出的是天文数字的天价赔偿？律师弟弟的起诉，似乎是无稽之谈。对此，夏威夷州政府振振有词，在法庭上提出，椰树上长椰子，椰子从椰树上落下，椰树坠落属于不可抗力，州政府不应该承担责任。而且，州政府也尽到了防范义务，在椰树处张贴了许多告示，提醒游客提高警惕，避免椰子掉落伤身。律师弟弟针锋相对，不依不饶，说椰子坠落根本就不是不可抗力，州政府提醒旅客注意椰子跌落伤身的告示，本身就充分证明，州政府已经预料到椰子可能被风吹落伤人。夏威夷州政府从事旅游事业，赚取钱财，却不想方设法防止椰子跌落伤人，而将防止椰子跌落伤人的责任推卸给旅客，完全属于只享受权利，不履行义务。根据权利义务对等原则，夏威夷州政府既然因为旅客在椰树周围旅游得利，就应该对椰子伤人负责。

公说公有理，婆说婆有理，人们对此拭目以待。谁是谁非，只能等待法院的判决。令人难以置信的是，法院经过审理，竟然也认为，自由至上是美国宪法的基本原则，夏威夷州政府作为椰树的主人，应该对于椰子伤人买单，判决支持了原告方的诉讼请求。虽然原告方一亿美元天文数字的全部诉讼请求没有得到法院全部支持，法院只是判决夏威夷州政府赔偿原告方1000万美元，可这也已经是巨额赔偿了。

前车之覆，后车之鉴，1000万元的天价赔偿，让夏威夷州政府引以为戒，防患于未然，早早派人将椰树上结的椰子除去，以防止椰子伤人。因此，现在到夏威夷，看到的椰树上都没有椰子，光秃秃的，与众不同。椰树上没有椰子，令人遗憾，但也因祸得福，成为夏威夷一道独特的风景。这不仅仅是一道自然风景，更是一道人文风景，反映出法律的力量与社会的进步。

 **这些法律和我相关 >>>**

■《中华人民共和国侵权责任法》

第八十五条：建筑物、构筑物或者其他设施及其搁置物、悬挂物发生脱落、坠落造成他人损害，所有人、管理人或者使用人不能证明自己没有过错的，应当承担侵权责任。所有人、管理人或者使用人赔偿后，有其他责任人的，有权向其他责任人追偿。

第八十七条：从建筑物中抛掷物品或者从建筑物上坠落的物品造成他人损害，难以确定具体侵权人的，除能够证明自己不是侵权人的外，由可能加害的建筑物使用人给予补偿。

■《中华人民共和国民法通则》

第一百二十六条：建筑物或者其他设施以及建筑物上的搁置物、悬挂物发生倒塌、脱落、坠落造成他人损害的，它的所有人或者管理人应当承担民事责任，但能够证明自己没有过错的除外。

■《最高人民法院关于审理人身损害赔偿案件适用法律若干问题的解释》

第十六条：下列情形，适用民法通则第一百二十六条的规定，由所有人或者管理人承担赔偿责任，但能够证明自己没有过错的除外：

（一）道路、桥梁、隧道等人工建造的构筑物因维护、管理瑕疵致人损害的；

（二）堆放物品滚落、滑落或者堆放物倒塌致人损害的；

（三）树木倾倒、折断或者果实坠落致人损害的。

前款第（一）项情形，因设计、施工缺陷造成损害的，由所有人、管理人与设计、施工者承担连带责任。

46. 认识动物侵权：小学生放学后被狗咬掉耳朵致残

动物是人类最好的朋友，然而，当你侵扰它或者管理不当时，它又会对人们的人身安全构成威胁。面对动物带来的伤害，谁来承担法律责任？

2008年9月19日下午，原告张某某放学后，在北京市大兴区××镇××村和小朋友玩耍，被告陈某某带领羊群从村中经过，其用于放羊的狗，将正在土堆中玩耍的张某某左耳咬掉。经中国人民解放军海军总医院诊断为耳廓完全离断伤（左），头颅外伤，住院治疗18天，建议出院后继续口服抗炎药，安装义耳。原告张某某支付医疗费3699.77元，其他医疗费均由被告陈某某支付。2008年11月20日，原告张某某在中国医学科学院整形外科医院经诊断为小耳左侧畸形，于2008年11月20日至2008年11月24日住院治疗，行左耳后扩张器置入术，手术顺利，建议定期进行扩张器注水，保护扩张皮肤，随诊，择期安排2次手术。原告张某某为此支付医疗费3735.47元。本案审理过程中，原告张某某申请对其进行伤残鉴定，经鉴定，原告张某某伤残等级为八级。

法院审理认为，饲养的动物造成他人损害的，动物饲养人应当承担赔偿责任，由于受害人过错造成损害的，动物饲养人不承担赔偿责任。原告张某某要求精神损害抚慰金的数额应根据侵权行为的手段、行为方式、造成的后果、侵权人承担责任的经济能力以及本地平均生活水平等因素确定。原告张某某的后续治疗费用可待实际发生后另行主张。据此，判决被告陈某某赔偿原告张某某医疗费、住院伙食补助费、护理费、交通费、第二次医疗费、鉴定费、残疾赔偿金、精神损害抚慰金等共计 83239.24 元。

法律告诉你 >>>

动物致害侵权行为是指饲养的或者豢养的动物致人损害，该动物的所有人、占有人等应当承担赔偿受害人人身损害和财产损害责任的侵权行为。

动物致害侵权责任具有以下特点：一是侵权损害后果的造成，不是行为人的行为所致，而是动物所致，因而是物件致害责任；二是对损害后果的责任承担，是动物的所有人或者占有人。根据《中华人民共和国侵权责任法》第七十八条、第八十二条规定，饲养的动物造成他人损害的，动物饲养人或者管理人应当承担侵权责任，但能够证明损害是因被侵权人故意或者重大过失造成的，可以不承担或者减轻责任。遗弃、逃逸的动物在遗弃、逃逸期间造成他人损害的，由原动物饲养人或者管理人承担侵权责任。这一规定表明，饲养动物致人损害原则上采用无过错责任，但当具备法律规定的免责条件时，动物的饲养人或管理人可不承担民事责任。

我国法律主要规定了四种形式的动物致害侵权行为：一是饲养的动物致人损害。饲养的动物造成他人损害的，动物饲养人或者管理人应当承担侵权责任。这是对动物致人损害侵权行为的最基本规则的规定。这里的动物，不管是什么性质的动物，只要是人工饲养的动物，就适用本规则。如果受害人对损害的发生也有过错的，按照与有过失的规则，应当减轻动物饲养人或者管理人的民事责任。由于第三人的原因造成动物损害的，则应当由有过错的第三人承担责任。动物致人损害是受害人故意而造成动物伤害自己的，应当自己承担责任。二是受国家保护的野生动物致害。国家保护的野生动物，不能猎杀。但是近年来发生的受国家保护的野生动物伤害他人的事件说明，对于野生动物应当严格保护，但是对于人的权利更应当严格保护。因此，应当确定"野生动物伤人，国家买单"的原则，受到国家保护的野生动物致人损害的，由国家主管机关承担民事责任，以此确立野生动物伤人的国家赔偿责任规则。三是抛弃、遗失、逃逸动物致人损害。被抛弃的动物致人损害的，由其原所有人承担民事责任。这是因为，尽管原所有人已经放弃了对该动物的所有权，但是这种损害的事实正是由于这种放弃所有权的行为所造成的，因此，被抛弃的动物的原所有人应当承担损害赔偿责任。如果被抛弃的动物已经被他人占有的，动物的占有人在事实上已经管领了该动物的，造成损害，应当由其占有人承担民事责任。饲养的动物遗失的，并不是所有人放弃了自己的权利，而是暂时丧失了对该动物的占有，所有权关系并没有变化。遗失的动物造成了他人损害，应当由动物的所有人承担侵权责任。饲养的动物逃逸，动物的所有权关系并没有变化，仍然由所有权人所有。因此，逃逸的动物造成他人损害的，应当由动物的所有人或者管理人承担侵权责任。四是驯养的野生动物回归自然后致害。野生动物经过驯养成为家养动物，驯养的动物的所有人享有所有权。如果驯养的动物造成损害，应当适用动物致人损害的一般规则处理。无论是驯养的动物被抛弃，还是遗失、逃逸，如果驯养的野生动物彻底脱离驯养人，回归自然，就重新成为野生动物。回归自然的野生动物，应当按照野生动物对待，不能按照家养动物致人损害的规则处理。因此，驯养的野生动物脱离驯养人，回归自然后致人损害的，驯养动物的人不承担损害民事责任，而是按照野生动物致人损害的规则处理。

 **多长点知识 >>>**

古代最变态刑罚：把囚犯交给动物凌虐致死

在古代，无论东方还是西方，都有把囚犯让动物处死的案例。统治者认为这样的处罚会让反抗者恐惧进而丧失勇气。但是这种刑罚由于太过残忍，其使用者一直被后人诟病。

扔给鳄鱼吃掉。马达加斯加皇后拉娜瓦罗挪一世以残暴闻名，被称为"女尼禄"，她特别钟情于爬行类的动物。直至1861年去世为止，拉娜瓦罗挪一世每年都要处死上万人，而其中大多数囚犯都是奉命在满是鳄鱼的河中游泳而亡。

用大象处死犯人。在伽太基和印度，犯人被大象碾作粉尘。19世纪初的游记作家杜蒙·杜尔维耶在他的《环游世界》一书里，向我们描述了在锡兰时，他曾经亲眼目睹过怎样用大象行刑：大象用鼻子将犯人卷起，抛往空中，犯人落在大象的獠牙上，穿透身体而亡。

用狗将人咬死。古代西亚奴隶制国家亚述国的国王除了爱好在战争中以杀敌人为乐，在对待那些俘虏和囚犯上，还动不动就扔给那些随军巨犬，再看着他们在撕咬中死去。

用马匹将人拖死。日耳曼人有一种刑罚是专门用来对付女囚的，他们把女囚挂在野马上，直至把她拖死。法国记载过布鲁娜奥的故事，这位奥斯塔西亚王朝的女王便是被她最大的对头诺斯特里亚王朝弗雷岱贡女王之子克罗泰尔二世处以该暴刑。

用马匹分尸致死。分尸刑就是用四匹马拴住四肢，使之与躯干分离，也属于动物行刑的一种。法国和英国经常用此刑处死杀死长辈的罪犯。

关进兽笼或竞技场被猛兽咬死。整个古罗马帝国时代都非常流行观看猛兽吃人，这是法典所允许的，并且成了竞技场和杂技场最为引人入胜的节目之一。罗马人将之用于奴隶身份的人，作为加重刑罚的一种标志。

这些法律和我相关 >>>

■《中华人民共和国民法通则》

第一百二十七条：饲养的动物造成他人损害的，动物饲养人或者管理人应当承担民事责任；由于受害人的过错造成损害的，动物饲养人或者管理人不承担民事责任；由于第三人的过错造成损害的，第三人应当承担民事责任。

■《中华人民共和国侵权责任法》

第七十八条：饲养的动物造成他人损害的，动物饲养人或者管理人应当承担侵权责任，但能够证明损害是因被侵权人故意或者重大过失造成的，可以不承担或者减轻责任。

第七十九条：违反管理规定，未对动物采取安全措施造成他人损害的，动物饲养人或者管理人应当承担侵权责任。

■《中华人民共和国野生动物保护法》

第三条：野生动物资源属于国家所有。

……

05

第 五 编
法眼识犯罪

犯罪歧途，此路不通！

47. 认识未成年人犯罪：被冲动犯罪改写的人生

人生路漫漫，冲动是魔鬼。青少年由于社会阅历浅、年轻气盛，再加上校园法治教育的缺位，那些被冲动犯罪改写的人生悲剧给我们敲响了警钟。涉世未深的我常常思考这样一个问题：如何才能做一名守法公民？

被告人张某某与被害人王某某均系北京市某职业学校实习基地的学生。2013年4月15日，被告人张某某与被害人王某某在乘坐公交车上学时因琐事发生口角并互殴。当日，张某某购买了一把弹簧刀准备报复王某某。后经双方家长及学校老师介入，调解解决了此事。4月22日，张某某得知学校为此事要处分自己，担心受到处分会影响今后参军，同时，他还怀疑学校之所以要处分自己，是因王某某四处扩散此事所致，遂对王某某怀恨在心，再次起意持刀报复王某某。次日9时许，张某某携带弹簧刀在该校实习基地操场找到王某某，二人再次发生冲突。其间，张某某持弹簧刀划刺王某某的脖子、右腹部等处数刀，刺破王某某的肝门静脉及肝固有动脉致其失血性休克死亡。张某某作案后，明知他人报案而在现场等待，于案发当日被抓获归案。

在一审法院审理期间，被告人张某某及其法定代理人与附带民事诉讼原告人就附带民事部分自愿达成调解协议，由张某某及其法定代理人一次性赔偿被害人父母各项经济损失23万元，被害人父母对被告人张某某予以谅解，并撤回对张某某及其法定代理人的附带民事部分起诉。在法院审理过程中，首都师范大学少年司法社会工作研究与服务中心向法庭提交了被告人张某某的情况调查报告，该报告载明：张某某情绪控制能力较差，容易冲动，且其法律意识淡薄，家庭教育存在一定不足。

北京市第二中级人民法院经审理认为，张某某故意非法剥夺他人生命，其行为已构成故意杀人罪。鉴于张某某犯罪时不满十八周岁；明知他人报案而在现场等待，被抓捕时无拒捕行为，且如实供述犯罪事实，构成自首；积极赔偿被害人亲属经济损失并获得谅解，故依法对张某某从轻处罚。依照《刑法》有关规定，以故意杀人罪判处被告人张某某有期徒刑十二年。

法律告诉你 >>>

未成年人犯罪是指未成年人实施的犯罪行为。根据我国《刑法》规定，已满十六周岁的人犯罪，应当负刑事责任。已满十四周岁不满十六周岁的人，犯故意杀人、故意伤害致人重伤或者死亡、强奸、抢劫、贩卖毒品、放火、爆炸、投毒罪的，应当负刑事责任。已满十四周岁不满十八周岁的人犯罪，应当从轻或者减轻处罚。因不满十六周岁不予刑事处罚的，责令他的家长或者监护人加以管教；在必要的时候，也可以由政府收容教养。

我国法律对犯罪的未成年人实行特殊保护，对不满十八周岁的未成年人，不适用死刑，应从轻或者减轻处罚。我国《未成年人保护法》规定，对违法犯罪的未成年人，实行教育、感化、挽救的方针，坚持教育为主、惩罚为辅的原则，切实保护未成年人的合法权益。本案中，被告人犯罪时不满十八周岁，具有自首情节，积极赔偿被害人亲属经济损失并获得谅解。但本案的被害人也是一名未成年人，且被告人系持刀作案，实施犯罪的地点系有众多学生的学校操场等具体情节，并参考了司法社工出具的被告人张某某的情况调查报告，依法对其从轻处罚而非减轻处罚，较好地贯彻了宽严相济的刑事政策和对未成年人的双向保护。

近些年来，青少年违法犯罪问题十分突出，已经引起了全社会的高度重视。青少年违法犯罪不仅会造成对国家、社会、被害人及其家人的危害，也会造成对自己和家人的危害，代价往往是极其沉重的。俗话说，一失足成千古恨，青少年违法犯罪会改写自己的人生，埋葬自己的前途，自己付出的代价是最为沉重的。很多时候违法犯罪离我们并不遥远，不良行为与违法犯罪之间并没有不可逾越的鸿沟，仅仅是一步之遥。未成年人由于年龄偏低，可塑性、模仿性较强，他们不仅模仿电影、小说、网络等具体情节，而且模仿社会上的成年人，犯罪时带有很大的盲目性，往往不顾一切，不计后果，仅凭一时冲动陷入犯罪的泥潭。

青少年是祖国的未来，社会的希望。青少年能否走上健康成长的道路，是我们全社会各级各部门的共同责任。目前青少年的犯罪状况不能不引起高度重视，要按照社会治安综合治理的原则，从源头上堵塞漏洞，将犯罪消灭在萌芽状态；用"挽救、改造"相结合的教育方针，针对青少年犯罪的特点与原因，重点进行思想教育，通过教育和挽救，使接近犯罪边缘的青少年避免犯罪，使犯了罪的青少年能够得以改造，悔过自新，真正成为自食其力、遵纪守法、对社会有用的劳动者。

 多长点知识 >>>

为我们的冷漠付费

1935年的冬天，是美国经济最萧条的一段日子。这天，在纽约市一个穷人居住区内的法庭上，正在开庭审理一个案子。站在被告席上的是一个年近六旬的老太太。她衣衫破旧，满面愁容，愁苦中更多的是羞愧的神情。她因偷盗面包房里的面包被面包房的老板告上了法庭。

法官审问道："被告，你确实偷了面包房的面包吗？"

老太太低着头,嗫嚅地回答:"是的,法官大人,我确实偷了。"

法官又问:"你偷面包的动机是什么,是因为饥饿吗?"

"是的。"老太太抬起头,两眼看着法官,说道,"我是饥饿,但我更需要面包来喂养我那三个失去父母的孙子,他们已经几天没吃东西了。我不能眼睁睁看着他们饿死。他们还是一些小孩子呀!"

法官敲了一下木槌,严肃地说道:"肃静。下面宣布判决。"说着,法官把脸转向老太太:"被告,我必须秉公办事,执行法律。你有两种选择:处以10美元的罚金或者是10天的拘役。"

老太太一脸痛苦和悔过的表情,她面对法官,为难地说:"法官大人,我犯了法,愿意接受处罚。如果我有10美元,我就不会去偷面包。我愿意拘役10天,可我那三个小孙子谁来照顾呢?"

这时候,从旁听席上站起一个四十多岁的男人,他向老太太鞠了一躬,说道:"请你接受10美元的判决。"说着,他转身面向旁听席上的其他人,掏出10美元,摘下帽子放进去,说:"各位,我是现任纽约市市长拉瓜地亚,现在,请诸位每人交50美分的罚金,这是为我们的冷漠付费,以处罚我们生活在一个要老祖母去偷面包来喂养孙子的城市。"

法庭上,所有的人都惊讶了。片刻,所有的旁听者都默默起立,每个人都认真地拿出了50美分,放到市长的帽子里,连法官也不例外。

按理说,一个老妇人偷窃面包被罚款,与外人何干?拉瓜地亚说得明白——为我们的冷漠付费。

 **这些法律和我相关 >>>**

■《中华人民共和国刑法》

第十七条:已满十六周岁的人犯罪,应当负刑事责任。

已满十四周岁不满十六周岁的人,犯故意杀人、故意伤害致人重伤或者死亡、强奸、抢劫、贩卖毒品、放火、爆炸、投毒罪的,应当负刑事责任。

已满十四周岁不满十八周岁的人犯罪,应当从轻或者减轻处罚。

因不满十六周岁不予刑事处罚的，责令他的家长或者监护人加以管教；在必要的时候，也可以由政府收容教养。

已满七十五周岁的人故意犯罪的，可以从轻或者减轻处罚；过失犯罪的，应当从轻或者减轻处罚。

■《中华人民共和国治安管理处罚法》

第十二条：已满十四周岁不满十八周岁的人违反治安管理的，从轻或者减轻处罚；不满十四周岁的人违反治安管理的，不予处罚，但是应当责令其监护人严加管教。

■《中华人民共和国未成年人保护法》

第五十四条：对违法犯罪的未成年人，实行教育、感化、挽救的方针，坚持教育为主、惩罚为辅的原则。

对违法犯罪的未成年人，应当依法从轻、减轻或者免除处罚。

第五十六条：讯问审判未成年犯罪嫌疑人被告人，询问未成年证人、被害人，应当依照刑事诉讼法的规定通知其法定代理人或者其他人员到场。

公安机关、人民检察院、人民法院办理未成年人遭受性侵害的刑事案件，应当保护被害人的名誉。

48. 认识故意伤害罪:"校霸"闹事被群殴致死

我想知道 >>>

身体发肤,受之父母,不敢毁伤,孝之始也。任何人的生命权和身体健康权都是最重要的人身权,都不容非法剥夺和侵犯。看到社会上时常发生的自杀、校园暴力等肆意侵犯人身权的行为,我们需要大声呐喊:尊重生命从尊重自己开始!加强珍惜生命权的教育,什么时候才能成为全社会的共识?

身边案例 >>>

高中生阿伟好勇斗狠,年纪轻轻就恶名在外,在其就读的高中里,成为名副其实的"校霸",从老师到学生无不对他又恨又怕。新学期开学之际,因为一只篮球的归属问题,阿伟多次前往该校高三(3)班寻衅、殴打、辱骂多名同学。俗语说"不在沉默中爆发,就在沉默中灭亡",一群受气"绵羊"终于忍无可忍,合伙群殴阿伟致其死亡。

命案发生后,参与打架且行为过激的阿文、小曾等五名学生被检察院提起公诉。一审法院审理后认为,五被告人故意伤害他人身体,致人死亡,其行为均构成故意伤害罪。但该案是由于阿伟多次前往被告人所在班级闹事、殴打、威胁学生而引发的伤害行为,阿伟对此有重大过错。法院一审判处五被告人有期徒刑3年。宣判后，五被告人不服，提出上诉。

庆阳市中级人民法院对该案进行二审后认为，原判认定五名被告人的犯罪事实清楚，证据确实充分。阿伟案发前曾多次到高三（3）班携带凶器威胁、殴打他人，扰乱学校的正常教学秩序。在闯入教室后，阿伟不仅扬言取刀，还暗示自己有枪等，要求全班同学集体到达其要求的地点，当阿文率先反抗时，竟对阿文进行殴打，阿伟在引发案件上有重大过错，而阿文进行的反击行为符合正当防卫的条件。但从造成被害人死亡的结果看，防卫行为显然超过了必要的限度，应认定为防卫过当。为了更加体现罪刑相适应原则，庆阳中院二审以故意伤害罪，对五名被告人改判为有期徒刑两年，缓刑三年。

法律告诉你 >>>

故意伤害罪，是指故意非法伤害他人身体并达成一定的严重程度、应受刑法处罚的犯罪行为。

故意伤害罪侵犯的客体是他人的身体权。所谓身体权是指自然人以保持其肢体、器官和其他组织的完整性为内容的人格权。故意伤害自己的身体，一般不认为是犯罪，只有当自伤行为是为了损害社会利益而触犯有关刑法规范时，才构成犯罪。例如，军人战时自伤以逃避履行军事义务的，应按战时自伤罪追究刑事责任。客观方面表现为实施了非法损害他人身体的行为。损害他人身体的行为既可以表现为积极的作为，也可以表现为消极的不作为。既可以由自己实施，又可以利用他人如未成年人、精神病人实施，还可以利用驯养的动物如毒蛇、狼犬等实施。故意伤害罪的主体为一般主体。凡达到刑事责任年龄并具备刑事责任能力的自然人均能构成故意伤害罪，其中，已满14周岁未满16周岁的自然人有故意伤害致人重伤或死亡行为的，应当负刑事责任；致人轻伤的，则须已满16周岁才能构成故意伤害罪。主观方面表现为故意。即行为人明知自己的行为会造成损害他人身体健康的结果，而希望或放任这种结果的发生。

根据我国《刑法》的规定，故意伤害他人身体，致人轻伤的，处三年以下有期徒刑、拘役或者管制；致人重伤的，处三年以上十年以下有期徒刑；致人死亡或者以特别残忍手段致人重伤造成严重残疾的，处七年以上有期徒刑、无期徒刑或者死刑。

故意伤害罪与故意杀人罪的区分，就一般情况讲，两罪并不难区分，但在故意杀人未遂造成伤害或故意伤害致人死亡两种情况时易混淆。把握二罪的主要区别在于行为人是否以非法剥夺他人生命为故意的内容。如果行为人无非法剥夺他人生命的故意，而只有伤害他人健康的故意，即使行为客观上导致了他人的死亡，也只能以故意伤害罪致死认定。如果行为人有非法剥夺他人生命的故意，即使其行为没有造成他人死亡的结果，也构成故意杀人罪（未遂）。

本案二审法院经审理，认定为防卫过当，最终以故意伤害罪定罪量刑并适用缓刑。所谓正当防卫，是指为了使国家、公共利益、本人或者他人的人身、财产和其他权利免受正在进行的不法侵害，而采取的制止不法侵害的行为，对不法侵害人造成损害的，属于正当防卫，不负刑事责任。正当防卫明显超过必要限度造成重大损害的，应当负刑事责任，但是应当减轻或者免除处罚。因此，法院的判决是适当的。

多长点知识 >>>

身体发肤，受之父母，不敢毁伤，孝之始也

《孝经·开宗明义章》记载了这样一个对话片段：孔子坐着，曾子在一旁等待教诲。孔子说："先前的圣王有最美好的品德和最令人佩服的做人的原则，他们用这些来治理天下，让民众学习和效法，社会上就会出现和睦相处的好风气，官吏和民众之间就没有相互怨恨的现象。你知道这是什么样的品德和原则吗？"

曾子马上站起来说："曾参我不够聪敏，没有能力知晓这么深刻的道理，请老师指教。"孔子说:"孝这个事情,是道德的根本,人需要教育的原因也在这里。请你坐下,我说给你听。我们的身体毛发皮肤是父母给我们的,我们必须珍惜它、爱护它,因为健康的身心是做人做事的最基本条件,所以珍惜它、爱护它就是行孝尽孝的开始。让自己健康成长,按正确的原则做人、做事,让自己的名字为后人所景仰,就会让后世知道自己的父母教导有方,培养出了一个优秀儿女,这是人行孝尽孝的结束。总的讲,行孝尽孝的开始就是要孝顺父母,长大成人就要忠于国家和君主,最终就是要对他人和社会有所贡献,能实现自己应有的人生价值。因此,《诗》的《大雅》中讲:不要忘记你的祖宗和父母,这是人生最需要修养的道德。"

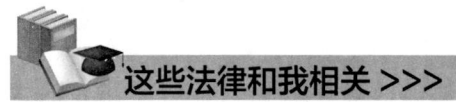
这些法律和我相关 >>>

■《中华人民共和国刑法》

第二十条:为了使国家、公共利益、本人或者他人的人身、财产和其他权利免受正在进行的不法侵害,而采取的制止不法侵害的行为,对不法侵害人造成损害的,属于正当防卫,不负刑事责任。

正当防卫明显超过必要限度造成重大损害的,应当负刑事责任,但是应当减轻或者免除处罚。

对正在进行行凶、杀人、抢劫、强奸、绑架以及其他严重危及人身安全的暴力犯罪,采取防卫行为,造成不法侵害人伤亡的,不属于防卫过当,不负刑事责任。

第二百三十四条:故意伤害他人身体的,处三年以下有期徒刑、拘役或者管制。

犯前款罪,致人重伤的,处三年以上十年以下有期徒刑;致人死亡或者以特别残忍手段致人重伤造成严重残疾的,处十年以上有期徒刑、无期徒刑或者死刑。本法另有规定的,依照规定。

……

■《中华人民共和国预防未成年人犯罪法》

第七条：教育行政部门、学校应当将预防犯罪的教育作为法制教育的内容纳入学校教育教学计划，结合常见多发的未成年人犯罪，对不同年龄的未成年人进行有针对性的预防犯罪教育。

49. 认识故意杀人罪：初中生偷尝禁果酿下惨剧

一个生命脱离母体就具有天然的受保护权，牢固树立生命至上的理念，才是避免人间悲剧重演的思想屏障。人命关天、杀人偿命等这些传统的生命伦理观念，在当今时代，仍然是需要继续大力弘扬的价值观吗？

女孩彭某，2000年6月27日出生。2013年秋，上初中二年级的她与同班同学刘某（1998年5月12日出生）谈起了恋爱。2014年5月17日夜，彭某给刘某补过生日，二人都喝了酒。当晚因为下雨，彭某留宿在刘某家，二人发生了关系，当时，彭某不满14周岁。几个月后，一直没来月经的彭某意识到自己可能怀孕了，她很害怕，男友刘某知道后也是毫无办法。

2015年3月29日上午，外婆出门后，腹部坠疼的彭某进入卫生间，独自生下一个女婴。后来怕婴儿的哭声被邻居听见，便用卫生纸塞进婴儿嘴里，用手掐住婴儿的脖子，直至其停止呼吸方才住手。随后，又将女婴装进纸袋，丢弃在楼道里。经法医鉴定，女婴系被卫生纸堵塞口腔、扼压颈部致机械性窒息死亡。鉴于彭某作案时已满14周岁，已达到故意杀人犯罪负刑事责任年龄；刘某明知彭某是不到 14 周岁幼女，仍与其发生性关系，作案时已满 16 周岁，系完全负刑事责任年龄，检察机关遂分别以涉嫌故意杀人罪、强奸罪，对二人同时批准逮捕。

法律告诉你 >>>

故意杀人，是指故意非法剥夺他人生命的行为。故意杀人罪属于侵犯公民人身民主权利罪的一种，是中国刑法中少数性质最恶劣的犯罪行为之一。我国《刑法》规定，故意杀人的，处死刑、无期徒刑或者十年以上有期徒刑；情节较轻的，处三年以上十年以下有期徒刑。

故意杀人罪是行为犯，只要行为人实施了故意杀人的行为，就构成故意杀人罪。由于生命权利是公民人身权利中最基本、最重要的权利，因此，不管被害人是否实际被杀，不管杀人行为处于故意犯罪的预备、未遂、中止等哪个阶段，都构成犯罪，应当立案追究。

构成故意杀人罪的客观要件方面，首先必须有剥夺他人生命的行为，作为、不作为均可以构成。以不作为行为实施的杀人罪，只有那些对防止他人死亡结果发生负有特定义务的人才能构成。其次，剥夺他人生命的行为必须是非法的，即违反了国家的法律。执行死刑、正当防卫均不构成故意杀人罪。经受害人同意而剥夺其生命的行为，也构成故意杀人罪。例如，对所谓的"安乐死"，仍应以故意杀人罪论处。主体要件方面，故意杀人罪的主体是一般主体，即我国《刑法》分则规定的达到法定刑事责任年龄、具备刑事责任能力的一般身份的犯罪主体。故意杀人罪在主观上须有非法剥夺他人生命的故意，包括直接故意和间接故意，即明知自己的行为会发生他人死亡的危害后果，并且希望或者放任这种结果的发生。故意杀人的动机是多种多样和错综复杂的，动机可以反映杀人者主观恶性的不同程度，对正确量刑有重要意义。

直接故意杀人罪的既遂和间接故意杀人罪是以被害人死亡为要件，但是，只有查明行为人的危害行为与被害人死亡的结果之间具有因果关系，才能断定行为人负罪责。正确区分故意伤害致人死亡和故意杀人未遂的界限，关键是要查明行为人故意的主观状态。如果行为人明知是自己的行为会造成死亡的结果，并且希望或者放任死亡结果的发生，即使没有造成死亡结果，仍应定故意杀人罪（未遂），如果行为人明知自己的行为会发生伤害的结果，并且希望或者放任伤害结果的发生，即使由于伤势过重，出乎其意外地导致死亡，仍应定故意伤害罪。故意杀人罪的行为内容为剥夺他人生命，即杀人。杀人行为发生死亡结果的，成立故意杀人既遂；没有发生死亡结果的，成立故意杀人未遂、中止或者预备。

处于青春期的未成年人往往有些叛逆，由于家庭疏于管教、学校和社会普法力度不够等原因，性好奇与性冲动、同辈压力、异性朋友压力、社会的开放及媒体的流通、性资讯容易获取等，都导致一些未成年孩子过早尝试禁果。目前的孩子，从正规途径很难得到正确的性知识，他们对于性的困惑、渴望等，只能通过一些网站，或生活中得到的一些性知识，或同学之间互相传播，而这些性知识往往是不正确的。长此以往，这些不正确的性知识充斥头脑，加上青春期性激素的活跃，有些孩子难免会产生对于性行为的冲动。这时候如不加以正确引导，很容易造成不良后果，就如本案例中那样偷尝禁果怀孕，最终因法律知识淡薄导致犯罪。

因此家长应多关注正处在青春期的孩子，经常与孩子交流，及时发现苗头，正确引导，有效规避孩子在这一阶段的"危险行为"，避免出现无法弥补的危害性后果，最大限度减少类似悲剧的发生。

 **多长点知识 >>>**

大义灭亲

春秋前期，朝歌（今河南淇县）为卫国都。卫庄公有三子：长姬完、次姬晋、三州吁。州吁最受庄公宠爱，养成了残忍暴戾的性格，无恶不作，成为朝歌大害。石碏，春秋时卫国大夫，为人耿直，体恤百姓疾苦，他几次劝庄公管教约束州吁，但庄公不听。

石碏的儿子石厚，常与州吁并车出猎，为非作歹。为防止儿子继续助纣为虐，石碏将石厚锁入房内，不料石厚越窗逃出，住在了州吁府内，跟着州吁胡作非为，祸害百姓。

庄公死后，姬完继位，称卫桓公，石碏见他生性懦弱无为，便告老还乡，不参朝政。

有一天，卫王出访，州吁偷偷在途中刺死了兄长，却向大臣和百姓说："卫王害急病死了，由我继承王位。"州吁当上卫王后，便要攻打邻国，大臣和百姓都反对。州吁忙与他的亲信石厚商量。石厚说："我的父亲石碏德高望重。如果大王请他出山，大臣和百姓们就不敢乱动了。"

石碏对儿子石厚助纣为虐、欺凌百姓的行为十分不满。见儿子奉州吁之命来请，就坚决推辞了。石厚无奈，再三请教安抚民心之策。石碏对石厚说："诸侯国的王登位要得到周天子的允许。如果州吁得到周天子的公开承认，百姓就会服从。这样吧，周天子最信任陈王，你和州吁去拜望陈王，请他说说情吧。"

其实石碏早已写好一封信，差人暗地送给陈王，信里说："卫国不幸，出了两个大逆不道的贼子。但我年纪大了，没有力量惩治他们。请为我主持正义，帮我除掉这两个恶人吧！"州吁和石厚到了陈国。陈王就派人拿出石碏的信件大声宣读一遍。这时候州吁和石厚才知道上了石碏的当，只好低头认罪了。

石碏知州吁和石厚被捉，急派人去邢国接姬晋（州吁之兄）即位，即卫宣公，又请大臣议事。众臣皆曰："州吁首恶应杀，石厚从犯可免。"石碏正色道："州吁罪，皆我不肖子酿成，从轻发落他，难道使我徇私情，抛大义吗？"遂诛之。

石碏为了国家利益，不徇私情，惩罚州吁和石厚，这种大义灭亲的故事，流传千古。

这些法律和我相关 >>>

■《中华人民共和国刑法》

第二百三十二条：故意杀人的，处死刑、无期徒刑或者十年以上有期徒刑；情节较轻的，处三年以上十年以下有期徒刑。

■最高人民法院《关于审理交通肇事刑事案件具体应用法律若干问题的解释》

第六条：行为人在交通肇事后为逃避法律追究，将被害人带离事故现场后隐藏或者遗弃，致使被害人无法得到救助而死亡或者严重残疾的，应当分别依照刑法第二百三十二条、第二百三十四条第二款的规定，以故意杀人罪或者故意伤害罪定罪处罚。

■《最高人民法院、最高人民检察院关于办理妨害预防、控制突发传染病疫情等灾害的刑事案件具体应用法律若干问题的解释》

第九条：在预防、控制突发传染病疫情等灾害期间，聚众"打砸抢"，致人伤残、死亡的，依照刑法第二百八十九条、第二百三十四条、第二百三十二条的规定，以故意伤害罪或者故意杀人罪定罪，依法从重处罚。对毁坏或者抢走公私财物的首要分子，依照刑法第二百八十九条、第二百六十三条的规定，以抢劫罪定罪，依法从重处罚。

■《最高人民法院关于抢劫过程中故意杀人案件如何定罪问题的批复》

……

行为人实施抢劫后，为灭口而故意杀人的，以抢劫罪和故意杀人罪定罪，实行数罪并罚。

50. 认识过失致人死亡罪：少年见义勇为抓小偷致人死亡

年幼无知、年少鲁莽……这些词语似乎可以成为未成年人冒失行为免责的理由，然而，道德上的宽恕能替代法律上对这种过失行为的处罚吗？

17岁的韩某某，在村里是个品行端正、人人夸奖的好少年，然而在一次与村民们共同抓小偷时，由于过失，造成了盗贼死亡的后果，最终却因为自己的见义勇为而被判了刑。这一事件引起了中央电视台《今日说法》等在内的全国众多新闻媒体及各界人士的关注。

事情发生的经过是这样的：江苏省通州市某村的17岁少年韩某某在回家路上听到"捉贼"的喊叫声，丢下自行车就与村民围追两个小偷。两个小偷慌不择路，为逃命跳入了村中心的河里。结果，会水的一个小偷逃掉了，另一个不会水的小偷周某被二百多名群众围住。为迫使小偷上岸，村民们开始向小偷周围水域扔砖块、泥块，韩某某所扔的一小块砖头打去，正中小偷面部，这下小偷在水中支持不住了，向对岸移动了两米左右后，钻入水中再也没有浮出水面。

　　经公安机关侦查，认定少年韩某某是砸伤落水小偷周某的直接责任人。随后，公安机关对韩某某进行了刑事拘留，检察机关提起公诉后，韩某某因犯过失致人死亡罪，被法院判处有期徒刑一年，缓刑二年。半年后，小偷周某的亲属以人身损害赔偿为由，起诉要求韩某某给予民事赔偿5万余元。法院审理后认为，小偷周某在盗窃被发现后，未能正确认识自己的错误，不但不主动投案，反而逃跑至河中负隅顽抗，最终导致溺水死亡，应负主要责任。被告韩某某虽然见义勇为去抓小偷，但疏忽大意扔砖块砸中在河中的周某，致使周某溺水死亡，应承担一定民事赔偿责任。最后判定被告韩某某赔偿原告精神损害赔偿金、被抚养人生活费、交通费等合计人民币16917.20元。

　　抓小偷引发的风波虽然基本平息了，但此案给我们留下了深深的启示，我们每一个公民发现违法犯罪行为时，都有义务、有责任与不法分子做斗争，退缩、逃避者都会受到社会道德甚至法律的制裁。但见义勇为也应有分寸，一定要让自己的行为符合法律的标准，因为即使是违法犯罪分子，他的合法权益也是在法律的保护之下。这一点，每一个有正义感的公民一定要牢牢记住。

法律告诉你 >>>

　　过失致人死亡罪，是指行为人因疏忽大意没有预见到或者已经预见到而轻信能够避免，结果造成他人死亡，剥夺了他人生命权的行为。过失致人死亡罪的前提是过失，即应当预见自己的行为可能发生他人死亡的危害结果，因为疏忽大意而没有预见，或者已经预见但轻信能够避免，结果发生了他人死亡的危害后果。客观上必须实施了致人死亡的行为，并且已经造成死亡结果，行为与死亡结果之间必须存在因果关系。

　　本罪属结果犯，在客观方面表现为因为过失造成他人死亡的行为。构成本罪，客观上必须发生致他人死亡的实际后果。这是本罪成立的前提。行为人必须实施过失致人死亡的行为，行为人的行为可能是有意识的，或者说是故意的，但对致使他人死亡结果发生是没有预见的，是过失。行为的故意并不影响其对结果的过失。这点同有意识地实施故意剥夺他人生命行为的故意杀人罪不同。

过失致人死亡行为可以分为作为的过失致人死亡行为和不作为的过失致人死亡行为两种情况。行为人的过失行为与被害人死亡的结果之间必须具有间接的因果关系，即被害人死亡是由于行为人的行为造成的。这里死亡包括当场死亡和因伤势过重或者当时没有救活的条件经抢救而死亡。否则行为人不应承担过失致人死亡罪的刑事责任。如果行为人的过失行为致人重伤，但由于其他人为因素的介入（如医师未予积极抢救或伤口处理不好而感染）致使被害人死亡的，只应追究行为人过失致人重伤罪的刑事责任。

本罪的主体要件为一般主体，凡达到16周岁法定责任年龄且具备刑事责任能力的自然人均能构成本罪，已满14周岁不满16周岁的自然人不能成为本罪主体。本罪在主观方面表现为过失，即行为人对其行为的结果抱有过失的心理状态，包括疏忽大意的过失和过于自信的过失。轻信能够避免他人死亡结果的发生，是过于自信的过失致人死亡区别于间接故意杀人的界限。疏忽大意的过失致人死亡与意外事件的共同点在于，客观上行为人的行为都引起了他人死亡的结果，主观上行为人都没有预见这种结果的发生。区分这两者的关键在于要查明行为人在当时的情况下，对死亡结果的发生，是否应当预见，如果应当预见但是由于疏忽大意的过失而没有预见，就属于过失致人死亡。如果是由于不能预见的原因而引起死亡的，就是刑法上的意外事件，行为人对此不应负刑事责任。

多长点知识 >>>

我国古代关于见义勇为的规定

我国古代对见义勇为者是如何保护的呢？见义不为会不会受到惩罚呢？

《论语·为政》记载："见义不为，无勇也。"意思是说，路见不平也不吼，该出手时不出手，就属于见义不为的懦夫行为。对于见义勇为，《宋史·欧阳修传》中有一段评价:"天资刚劲,见义勇为,虽机阱在前,触发之,不顾;放逐流离,至于再三,气自若也。"他认为,见义勇为的人天赋刚健勇猛,不管前面是地雷阵,还是万丈深渊,都一往无前、义无反顾。

在我国古代文献中,对于见义勇为的行为都有相应的表述。根据《周礼》的记载,如果盗贼侵犯军人、乡里、邻居和自己的家人,当场击杀,是不需要承担法律责任的。古代有血亲复仇的传统,如果自己的亲人被人伤害了,不需要报警,通过法律程序解决问题,自行复仇,以牙还牙、以眼还眼就可以了。但是,如果是见义勇为杀人,罪犯的家属是不能复仇的,如果擅自报复见义勇为者,要处以死刑。由此可见,古代法律对见义勇为者的保护力度是非常大的。

当然,随着社会的进步和人权保护意识的加强,古代的这些观点具有历史局限性,并被现代法治理念摒弃。

这些法律和我相关 >>>

■《中华人民共和国刑法》

第二百三十三条:过失致人死亡的,处三年以上七年以下有期徒刑;情节较轻的,处三年以下有期徒刑。本法另有规定的,依照规定。

■《中华人民共和国侵权责任法》

第四条:侵权人因同一行为应当承担行政责任或者刑事责任的,不影响依法承担侵权责任。

因同一行为应当承担侵权责任和行政责任、刑事责任,侵权人的财产不足以支付的,先承担侵权责任。

第十八条:被侵权人死亡的,其近亲属有权请求侵权人承担侵权责任。被侵权人为单位,该单位分立、合并的,承继权利的单位有权请求侵权人承担侵权责任。

被侵权人死亡的,支付被侵权人医疗费、丧葬费等合理费用的人有权请求侵权人赔偿费用,但侵权人已支付该费用的除外。

51. 认识强奸罪:"早恋"也能构成强奸罪

懵懂少年对于未知的世界总是充满着神秘和好奇,在性知识教育严重匮乏的现实中,"突破禁区""偷食禁果"的探索欲望往往会带来严重的社会问题。谁来告诉我,爱的花蕾在什么时候绽放最美丽?

2012年暑假结束,董明升入初三。就在这个学期里,董明经过同学介绍,认识同校的初一女生艾文。经过几次接触,艾文同意做董明"女朋友"。他们经常一起上下学,艾文有学习上不懂的问题,总是向董明请教,董明像大哥哥一样耐心地为艾文讲解。

董明的父母做小生意,平时白天不在家。周末,董明邀请艾文到他家做作业。2013年年初的一天,艾文到董明家写完作业后,两人偷食禁果,当时董明16周岁,艾文不满14周岁。艾文因为年龄小,根本不知道这样一次意味着什么,也没想过会有什么后果。懵懵懂懂中,两人依然保持着"比同学之间要好一些"的关系,经常在QQ上有一搭没一搭地聊些天,聊的也都是些日常生活和学习中的琐事。之后,接连几个月没有来例假,让艾文隐约有些担忧，而且她似乎也比以前胖了一些。因为艾文总是穿着宽大的校服，妈妈也没察觉出异样，只是带艾文去附近医院，医生详细询问了艾文的年龄和生理情况后，对艾文和她妈妈说："没事的，应该是月经不调。小女孩刚来例假一般都会不正常的。"艾文也认为自己是月经不调，她像往常一样生活和学习，也像往常一样等待董明上学、放学。

刚过7月，艾文就感觉到异常燥热，艾文让妈妈给自己买件大点儿的T恤。平时忙碌的妈妈看了看女儿的肚子，顿时呆在一旁，她让女儿坐到床上，认真地问女儿是不是被男生欺负了。艾文一直不说话，在爸爸的劝说下，艾文说了和董明的事情。两人带着女儿到医院检查，经过妇科检查，艾文已怀孕8个月。经过商量，爸爸带着艾文到了董明家，董明承认和艾文的关系，董明的爸妈也向艾文一家赔礼道歉。接着，两家人协商如何处理此事。

董明爸妈考虑月份太大了，担心引产对艾文会有危险，想让艾文生下孩子；艾文爸妈认为艾文太小，孩子生下来对艾文是一个牵绊，坚持做引产。艾文爸爸还提出，艾文在这件事情中是受害者，董明家应当做出赔偿，艾文爸爸咨询了律师，并委托律师作为代理人进行协商。由于在赔偿数额方面，两家的差距比较大，最终导致协商不欢而散。

董明和艾文偷食禁果后，造成艾文怀孕8个月并引产，心理也因此受到刺激，董明在家人陪同下到公安机关自首。当时，16岁的董明因明知艾文不满14周岁，仍与其发生性关系，并造成严重后果，法院以强奸罪判处董明有期徒刑三年，缓刑四年。

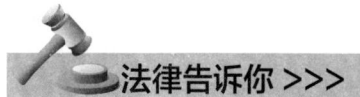
法律告诉你 >>>

强奸罪，是指违背妇女意志，使用暴力、胁迫或者其他手段，强行与妇女发生性交的行为，或者故意与不满14周岁的幼女发生性关系的行为。强奸是一种违背被害人的意愿，使用暴力、威胁或伤害等手段，强迫被害人进行性行为的一种行为。几乎在所有的国家，强奸行为都属于犯罪行为。

对于与不满十四周岁的幼女发生性关系的行为，我国法律曾规定为奸淫幼女罪。2002年，最高人民法院、最高人民检察院下发《关于执行〈刑法〉确定罪名的补充规定》，将奸淫幼女罪一并纳入强奸罪，"奸淫幼女罪"罪名被取消。2013年10月，最高人民法院、最高人民检察院、公安部、司法部印发《关于依法惩治性侵害未成年人犯罪的意见》，其中规定："知道或者应当知道对方是不满十四周岁的幼女，而实施奸淫等性侵害行为的，应当认定行为人'明知'对方是幼女。"已满十四周岁的未成年少女虽然比幼女的认知、判断能力有所增强，但其身心发育尚未完全成熟，在日常生活、学习和物质条件方面对监护人、教师等负有特殊职责的人员，存在一定的服从、依赖关系，容易在非自愿状态下受到性侵害。《意见》第21条第2款明确规定，对已满十四周岁的未成年女性负有特殊职责的人员，利用其优势地位或者被害人孤立无援的境地，迫使未成年被害人就范，而与其发生性关系的，以强奸罪定罪处罚。在校园、游泳馆、儿童游乐场等公共场所对未成年人实施强奸、猥亵犯罪，只要有其他多人在场，不论在场人员是否实际看到，均可以依照《刑法》规定，认定为在公共场所"当众"强奸妇女，强制猥亵、侮辱妇女，猥亵儿童。这些行为属于加重处罚情节，构成猥亵犯罪的，处五年以上有期徒刑；构成强奸罪的，在十年以上有期徒刑的量刑幅度内处罚。

本案中，董明和艾文发生性关系时，艾文尚不满14周岁，因此董明构成强奸罪。最高人民法院在《关于行为人不明知是不满14周岁的幼女双方自愿发生性关系是否构成强奸罪问题的批复》（法释[2003]4号）中明确：行为人明知是不满14周岁的幼女而与其发生性关系，不论幼女是否自愿，均应依照《刑法》的规定，以强奸罪定罪处罚。如果行为人确实不知对方是不满14周岁的幼女，双方自愿发生性关系，未造成严重后果，情节轻微的，不认为是犯罪。本案中，董明明知艾文不满14周岁，而与艾文发生性关系，并造成严重后果，应当以强奸罪论处。

最高人民法院在《关于审理未成年刑事案件具体应用法律若干问题的解释》中，对于未成年人之间偶尔发生性关系的，有一条特别规定："已满14周岁不满16周岁的人偶尔与幼女发生性行为的，情节轻微、未造成严重后果的，不认为是犯罪。"但此条规定本案不适用，因为董明在和艾文发生性关系时已超过16周岁，和特别规定的主体年龄不符。因此，本案中的董明在明知被害人艾文系不满14周岁幼女的情况下与其发生性关系，其行为已触犯刑法，构成强奸罪，依法应予从重处罚。鉴于董明犯罪时不满18周岁，具有自首情节，并积极赔偿受害人损失并得到被害人谅解，依法予以减轻处罚。根据董明的犯罪情节及悔罪表现，且董明系在校就读学生，宣告缓刑对所居住社区没有重大不良影响，本着对未成年人教育、挽救相结合的原则，法院依法对董明适用缓刑。

多长点知识 >>>

滴血认亲

在古装戏里，滴血认亲是一个常见的"司法鉴定"手段，类似于现在的"DNA鉴定"。

所谓的"滴血认亲"，实际上包括两种方法。一种是我们在影视作品中经常见到的"场景"：众目睽睽之下，面对一碗清水，需要鉴定的当事人各自刺破手指，鲜血滴到碗里，瞬时绽放出一朵血色红花，最后如果血液融为一体，则认定为具有血缘关系，否则就被认定为没有血缘关系。这种方法被称为"合血法"，在明代左右出现，主要适用于两个活人之间的亲子鉴定。还有一种较为古老的滴血认亲方法，被称为"滴骨法"。最早的历史记载出现在三国时期，就是将活人的血滴在死人的尸骨上，如果血液能够渗入骨头里，则说明存在血缘关系。主要适用于活人与死人之间的亲子鉴定。

"大宋提刑官"宋慈的《洗冤集录》中对"滴骨法"有详细记载：检滴骨亲法，谓如：某甲是父或母，有骸骨在，某乙来认亲生男或女，何以验之？试令某乙就身刺一两点血，滴骸骨上，是亲生，则血沁入骨内，否则不入。俗云"滴骨亲"，盖谓此也。

由于古代的生物技术不发达，在案件审理过程中只能采用"滴血认亲"等原始的亲子鉴定手段。当然，从现在的科学观点来看，滴血认亲是没有可信性的。首先，滴骨法不科学。因为随着时间的流逝，骨骼表面的软组织分解，留下的是一堆白骨，白骨的表层因为受到腐蚀而发酥，血液滴在上面，自然会渗入骨骼。不管是亲爹、亲儿子，还是路人甲，结果都一样。如果骨骼还没有受到腐蚀，比较坚固，软组织完好，不管是谁的血液也渗不进去。其次，合血法也不科学。因为人类的血液本身就能融合，无论双方有没有血缘关系。

历史上存在许多因为"滴血认亲"作为主要证据酿成的奇冤大案。与原始的"滴血认亲"相比，现代的DNA检测就科学多了。人的血液、骨骼、毛发、唾液和口腔细胞都可以用来做DNA鉴定。通过亲子鉴定，排除亲子关系的可靠性达到了100%，确认亲子关系的可靠性达到99.99%。

1992年，科学家对发掘出来的怀疑是遇害的俄国末代沙皇一家的尸骨进行了DNA鉴定，并与末代沙皇及皇后健在的亲属的DNA进行了比对。结果证实，五具遗骨分别是末代沙皇、皇后和他们的三个孩子，从而解决了一桩历史悬案。

这些法律和我相关 >>>

■《中华人民共和国刑法》

第二百三十六：以暴力、胁迫或者其他手段强奸妇女的，处三年以上十年以下有期徒刑。

奸淫不满十四周岁的幼女的，以强奸论，从重处罚。

强奸妇女、奸淫幼女，有下列情形之一的，处十年以上有期徒刑、无期徒刑或者死刑：

（一）强奸妇女、奸淫幼女情节恶劣的；

（二）强奸妇女、奸淫幼女多人的；

（三）在公共场所当众强奸妇女的；

（四）二人以上轮奸的；

（五）致使被害人重伤、死亡或者造成其他严重后果的。

■《最高人民法院关于审理未成年人刑事案件具体应用法律若干问题的解释》

第六条：已满十四周岁不满十六周岁的人偶尔与幼女发生性行为，情节轻微、未造成严重后果的，不认为是犯罪。

■最高人民法院《关于行为人不明知是不满十四周岁的幼女双方自愿发生性关系是否构成强奸罪问题的批复》

……

行为人明知是不满十四周岁的幼女而与其发生性关系，不论幼女是否自愿，均应依照刑法第二百三十六条第二款的规定，以强奸罪定罪处罚；行为人确实不知对方是不满十四周岁的幼女，双方自愿发生性关系，未造成严重后果，情节显著轻微的，不认为是犯罪。

52. 认识抢劫罪：未成年人索取学生财物被判刑

我想知道 >>>

社会上既有"人为财死、鸟为食亡"之说，又有"财为身外之物"之语，各种不同的金钱观左右着人们对财富的认识。作为一名未成年人，我们还不能够创造财富实现自力更生，当面对金钱需求的时候，这样做是违法犯罪吗？

身边案例 >>>

17岁的陈某、16岁的李某以及尚不满15岁的张某三人是某中学的毕业生，因要办事身上没钱，遂来到某中学门口，打算在学生放学后向该校学生借钱。待到学校放学后，三人立即向早前认识的学生借钱，谁知分文也未借得，在这种情况下，三人遂决定："实在借不到，就硬要。"于是先由年纪较小的李、张二人在校门口用言语威胁的手段，在两名学生处分别要来人民币2元和1元。随后，在听说一学生携带320元学费时，李、张二人立即向其索借120元，该生当即拒绝，于是李、张二人将其带到学校附近一围墙处，连同陈某一起继续言语威胁，此时，该生仍拒绝借钱给三人。于是，三人用暴力手段致使该学生被迫交出了120元。

案发后，被抢学生立即报了警。随后，陈某退回了全部赃款，李、张二人也主动向公安机关投案自首。案件公诉到法院后，法院经审理后认为，三人的行为属于"以暴力、胁迫或者其他方法抢劫公私财物"的行为，构成抢劫罪。根据我国《刑法》规定，应当判处三年以上十年以下有期徒刑，并处罚金，鉴于三人犯罪时均是未满十八周岁的未成年人，应当从轻或者减轻处罚。法院对三人做出如下判决：陈某犯抢劫罪，判处有期徒刑三年，缓刑三年，并处罚金人民币 2000 元；卢某犯抢劫罪，判处有期徒刑两年，缓刑两年六个月，并处罚金人民币 2000 元；张某犯抢劫罪，判处有期徒刑一年六个月，缓刑两年，并处罚金人民币 2000 元。

法律告诉你 >>>

抢劫罪是我国最严重的八种犯罪之一，是指以非法占有为目的，对财物的所有人、保管人当场使用暴力、胁迫或其他方法，强行将公私财物抢走的行为。抢劫罪的暴力，是指对被害人的身体施以打击或强制，借以排除被害人的反抗，从而劫取他人财物的行为。这里的其他方法，是指行为人实施暴力、胁迫方法以外的其他使被害人不知反抗或不能反抗的方法。凡年满 14 周岁并具有刑事责任能力的自然人，均可以构成抢劫罪的主体。本罪在主观方面必须出于直接故意，并且具有非法占有公私财物的目的。本罪侵犯的客体是公私财物的所有权和公民的人身权利。对于抢劫犯来说，最根本的目的是要抢劫财物，侵犯人身权利只是其使用的一种手段。无论犯罪嫌疑人是否取得财物，也不论被抢财物价值的大小。只要是以非法占有为目的、并当场采取暴力或暴力相威胁的手段，就构成抢劫罪。

我国《刑法》规定了两类转化型抢劫罪，一是携带凶器抢夺的，依照抢劫罪定罪处罚；二是犯盗窃、诈骗、抢夺罪，为窝藏赃物、抗拒抓捕或者毁灭罪证而当场使用暴力或者以暴力相威胁的，依照抢劫罪定罪处罚。在这二类转化型抢劫罪中，第一类是基于前提行为"携带凶器"而转化，第二类是基于后续行为"使用暴力或者以暴力相威胁"而转化，二者相对而言，"携带凶器"是静态的、消极的，而"使用暴力或者以暴力相威胁"是动态的、积极的。

根据我国《刑法》规定，以暴力、胁迫或者其他方法抢劫财物的，处三年以上十年以下有期徒刑，并处罚金；对于入户抢劫的、在公共交通工具上抢劫的、抢劫银行或者其他金融机构的、多次抢劫或者抢劫数额巨大的、抢劫致人重伤或者死亡的、冒充军警人员抢劫的、持枪抢劫的、抢劫军用物资或者抢险救灾救济物资的等八种严重犯罪行为，可以处十年以上有期徒刑、无期徒刑或者死刑，并处罚金或者没收财产。

本案例中，办案人员通过向三人所在学校、当地基层组织进行调查了解，学校和当地基层组织等均出具书面材料，证实三人平时表现较好，也没有其他的违法事实。考虑到作案人员是未成年人亦为初犯，且在犯罪后有自首和悔罪的表现，适用缓刑不致再危害社会，可以适用缓刑。法院按照"教育为主、惩罚为辅"的原则，依据《中华人民共和国刑法》"已满十四周岁不满十八周岁的人犯罪，应当从轻或者减轻处罚"的规定，做出了减轻处罚的判决。

多长点知识 >>>

为什么抢"东西"不抢"南北"

我们常说的"东西"不仅仅是个方位词，似乎还是个万能的代词。比如购物——买东西，骂人——不是个东西。那为什么不用"南北"呢？这里边其实蕴含了很多的历史文化。

据说，南宋理学大家朱熹在未出仕前，家乡有个叫盛温和的好友，此人亦是博学多才之人。一天，两人相遇于巷子内，盛手中拿着一个竹篮子，朱熹问他："你去哪里？"

盛回答说："我要去买点东西。"

朱熹是以穷理致知、研究学问的人，他听了盛的话，很好奇，随即问道：

"你说买东西,为什么不说买南北呢?"

盛温和反问朱熹:"你知道什么是五行吗?"

朱熹答:"我当然知道,不就是金、木、水、火、土吗?"

盛说:"不错,你知道了就好办,现在我说给你听听,东方属木,西方属金,南方属火,北方属水,中间属土。我的篮子是竹做的,盛火会烧掉,装水会漏光,只能装木和金,更不会盛土,所以只能叫买东西,不说买南北呀。"

原来"买东西"这个词还有这样一个典故,古人的智慧真是蕴藏在我们的生活中。

清朝乾隆年间,有一位叫龚玮的学者则认为,早在东汉时期,商贾大多集中在东京洛阳和西京长安。俗话有"买东""买西",即到东京、西京购货,久而久之,"东西"就成为货物的代名词。在古代"南北"所对的"水火"以及"中"所对的"土"是没有价值的,所以没有买卖的必要。古人以面南背北为上,即南北为通路,东西两侧置放物件,指点物件的时候自然指着东、西两面,故以东西来作为物品的统称。

为什么骂人又要骂"不是东西"呢?因为如果人不是东西,那就是南北了。南属火,北属水,在文言中,"水火"指的是大小便。所以,骂人不是东西就是说人是大小便,相当于现代骂人话"臭大粪"。如此看来,古人骂人,也是相当有技巧的,骂人转了这么大个弯,骂完人了,嘴里还不露脏字,高啊!

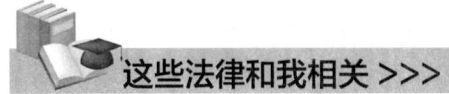这些法律和我相关 >>>

■《中华人民共和国刑法》

第二百六十三条:以暴力、胁迫或者其他方法抢劫公私财物的,处三年以上十年以下有期徒刑,并处罚金;有下列情形之一的,处十年以上有期徒刑、无期徒刑或者死刑,并处罚金或者没收财产:

(一)入户抢劫的;

（二）在公共交通工具上抢劫的；

（三）抢劫银行或者其他金融机构的；

（四）多次抢劫或者抢劫数额巨大的；

（五）抢劫致人重伤、死亡的；

（六）冒充军警人员抢劫的；

（七）持枪抢劫的；

（八）抢劫军用物资或者抢险、救灾、救济物资的。

■《最高人民法院关于审理未成年人刑事案件具体应用法律若干问题的解释》

第七条：已满十四周岁不满十六周岁的人使用轻微暴力或者威胁，强行索要其他未成年人随身携带的生活、学习用品或者钱财数量不大，且未造成被害人轻微伤以上或者不敢正常到校学习、生活等危害后果的，不认为是犯罪。

已满十六周岁不满十八周岁的人具有前款规定情形的，一般也不认为是犯罪。

■《中华人民共和国预防未成年人犯罪法》

第四十五条：……

对于审判的时候被告人不满十八周岁的刑事案件，不公开审理。

……

53. 认识盗窃罪：孩子偷拿父母的钱也会构成犯罪

盗窃，自古以来就是受刑律处罚的违法犯罪行为，而偷偷拿家里的钱物往往被认为只是不诚实的行为。然而，一旦积少成多或者数额较大，偷自己人也会构成犯罪吗？

16岁的刘某是某高中的高二学生，父母是做生意的，家里很有钱，但由于父母长期在外做生意，顾不上管护自己的儿子，娇生惯养的刘某从小学习不上进，经常和学校不三不四的学生交往，甚至染上了赌博的不良行为。

他的父母知道后，认识到了事情的严重性，便在经济上对刘某控制，不再随意给刘某钱。但是刘某还是恶习不改，没有了经济来源更让他寸步难行，于是，他开始想方设法地弄到钱。一天，刘某趁父母不在，偷偷拿了父母的8000块钱。一个月后，刘某的父母才发现8000块钱不见了，很快就怀疑到是自己的儿子所为，于是就追问他有没有拿钱，此时刘某早已将钱挥霍一空，又害怕受到父母的责备，就一口否认，说自己没有拿。刘某的父母信以为真，便选择了报警，刘某父母对警方说明了情况后，公安机关经过缜密侦查，将犯罪目标锁定在刘某身上。

在大量的事实证明面前，刘某不得不承认是自己拿的8000块钱，公安机关遂依法将其刑事拘留，后转为逮捕。父母知道盗窃的是自己的儿子后，认为儿子偷拿父母的钱财不是犯罪，他们也不想追究责任，要求公安机关释放刘某。公安机关认为刘某已涉嫌犯罪，因此对于刘某父母的请求未予允许。

法律告诉你 >>>

盗窃罪，是指以非法占有为目的，秘密窃取数额较大的公私财物或者多次盗窃公私财物的行为。盗窃罪是最古老的侵犯财产犯罪，几乎与私有制的历史一样久远。

根据我国《刑法》规定，盗窃公私财物数额较大的，或者多次盗窃，入户盗窃，携带凶器盗窃、扒窃的，处三年以下有期徒刑、拘役或者管制，并处或者单处罚金；数额巨大或者有其他严重情节的，处三年以上十年以下有期徒刑，并处罚金；数额特别巨大或者有其他特别严重情节的，处十年以上有期徒刑或者无期徒刑，并处罚金或者没收财产。盗窃公私财物价值一千元至三千元以上、三万元至十万元以上、三十万元至五十万元以上的，应当分别认定为《刑法》规定的"数额较大""数额巨大""数额特别巨大"。曾因盗窃受过刑事、行政处罚的，组织、控制未成年人盗窃的，在自然灾害、事故灾害、社会安全事件等突发事件期间盗窃的，盗窃残疾人、孤寡老人、丧失劳动能力人的财物的，在医院盗窃病人或者其亲友财物的，盗窃救灾、抢险、防汛、优抚、扶贫、移民、救济款物的，因盗窃造成严重后果的，盗窃公私财物"数额较大"的标准可以按照规定标准的百分之五十确定。盗窃公私财物数额较大，行为人认罪、悔罪、退赃、退赔，且具有法定从宽处罚情节，没有参与分赃或者获赃较少并且不是主犯的，被害人谅解的，以及其他情节轻微、危害不大等情形的，可以不起诉或者免予刑事处罚；必要时，由有关部门予以行政处罚。

盗窃父母或近亲属的财物，在是否构成犯罪和处罚上有其特殊性。根据最高人民法院、最高人民检察院《关于办理盗窃刑事案件适用法律若干问题的解释》的规定，偷拿家庭成员或者近亲属的财物，获得谅解的，一般可不认为是犯罪；追究刑事责任的，应当酌情从宽。本案例中，刘某盗窃父母8000元钱，应当认定为《刑法》规定的"数额较大"的情形，符合偷窃罪的构成要件，司法机关以涉嫌盗窃罪将其刑事拘留，是符合法律规定的。当然，刘某偷盗的财物毕竟是自己家的，其社会危害性明显比在社会上作案要小，加之他属于未成年人，且已经获得父母谅解，即使检察机关起诉到法院，法院也很可能减轻处罚，甚至可能判决免予刑事处罚。

多长点知识 >>>

秦鸾"行盗侍母"

从中国甘肃敦煌出土的法律文书中，记载了一件特殊的"盗窃案"：盗窃案的"主人公"名叫秦鸾，他为人忠厚，对父母孝敬，无奈家庭突遭不幸，其老母罹患很严重的疾病，终日卧病在床。孝顺的秦鸾十分希望为老母亲做些什么，即便不能医治好她的病患，至少可以让其享用一餐难得的美味。然而，贫寒的家境，又让秦鸾心有余而力不足。眼看老母病情日日加重，为其准备一餐的愿望仍没有着落，秦鸾连日寝食难安，心情失落到了最低点。就在秦鸾左右为难之际，一次偶然的机缘，使他决定铤而走险。秦鸾伺机盗取了附近市场中的财物，换成金银，并用它买来了非常丰盛的晚餐。老母亲在弥留之际，终于吃到了一生中最可口的晚餐，带着欣慰的笑容离开了人世。她不知道，秦鸾为此付出了怎样的代价。盗窃的事，很快被当地捕快侦查清楚，秦鸾也因盗窃被拘捕归案。

同当时世界多数国家的刑法一样，盗窃在唐朝当然亦属于犯罪。《唐律疏议》规定："诸窃盗，不得财笞五十；一尺杖六十，一匹加一等；五匹徒一年。"《疏议》解释说：窃盗人财，谓潜形隐面而取。盗而未得者，笞五十。面对唐朝法律的这一规定，以及秦鸾"行盗侍母"的现实，主审此案的法官为了难，特别是在法律"一准乎礼"的唐朝,符合"礼"的孝道,与强调秩序的国家法律规范,形成了尖锐的冲突,如何定罪科刑,成为面前的一道难题。

最终,法官还是决定依法办案,对秦鸾的盗窃罪,根据财物所值"匹数"的多少,依照唐律确定量刑。

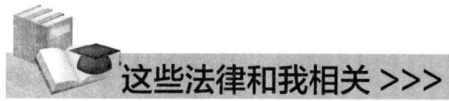

■《中华人民共和国刑法》

第二百六十四条:盗窃公私财物,数额较大的,或者多次盗窃、入户盗窃、携带凶器盗窃、扒窃的,处三年以下有期徒刑、拘役或者管制,并处或者单处罚金;数额巨大或者有其他严重情节的,处三年以上十年以下有期徒刑,并处罚金;数额特别巨大或者有其他特别严重情节的,处十年以上有期徒刑或者无期徒刑,并处罚金或者没收财产。

第二百六十五条:以牟利为目的,盗接他人通信线路、复制他人电信码号或者明知是盗接、复制的电信设备、设施而使用的,依照本法第二百六十四条的规定定罪处罚。

■《最高人民法院、最高人民检察院关于办理盗窃刑事案件适用法律若干问题的解释》

第七条:盗窃公私财物数额较大,行为人认罪、悔罪、退赃、退赔,且具有下列情形之一,情节轻微的,可以不起诉或者免予刑事处罚;必要时,由有关部门予以行政处罚:

(一)具有法定从宽处罚情节的;

(二)没有参与分赃或者获赃较少且不是主犯的;

(三)被害人谅解的;

(四)其他情节轻微、危害不大的。

第八条:偷拿家庭成员或者近亲属的财物,获得谅解的,一般可不认为是犯罪;追究刑事责任的,应当酌情从宽。

54. 认识交通肇事罪：行人也能构成交通肇事罪

大街上经常看到一些学生骑着自行车穿梭于人流之中，不但速度快，而且有时为了炫耀车技，故意做一些"高难度"动作，险象丛生中获得了极大的满足感。也许他们真的不知道，这些危险行为一旦造成了事故，会承担什么样的法律后果？

一天，高中生黄某因为起床晚了，眼看马上就要上学迟到了，于是他"飞车"极速往学校赶。在快到学校的一个路口，黄某为了贪图方便，直接横穿马路，中途又突然折返。这时，30多岁的游女士骑着电动自行车正好经过，黄某毫无预兆地折回让她躲避不及，双方发生了剧烈碰撞。黄某和游女士均倒地受伤。

然而，让黄某没想到的是，他的乱穿马路的违规行为，竟夺去了他人的宝贵性命。医院虽努力抢救，但已无力回天，游女士不幸离世。最终，交警部门认定黄某负事故的主要责任，游女士负事故的次要责任。

法院经审理认为，黄某违反交通运输管理法规，致一人死亡，负事故的主要责任,其行为已构成交通肇事罪,依法应予惩处。鉴于黄某在案发后仍留在现场等候处理,并如实供述自己的罪行,属于自首;案发后积极向游女士的家属赔偿;家属对其表示谅解,并请求法院对其免予刑事处罚。据此,法院做出判决,认定黄某构成交通肇事罪,判决免予刑事处罚。

随着我国经济快速发展和人民群众收入的增加,全国的机动车保有量呈现出爆炸性增长的态势,极大地方便了人们的出行。与此同时,"马路杀手"造成的各类交通事故也成为威胁生命安全的重要因素,我国因为交通事故造成的死亡事件逐年增长,交通安全成为人们广泛关注的社会话题。

交通肇事罪是因违反交通运输管理法规,而发生重大事故,致人重伤、死亡或者使公私财物遭受重大损失的行为。

构成交通肇事罪需要满足以下条件:一是违反交通运输管理法规。我国交通运输管理法规固然很多,但其中最主要和最核心的是《道路交通安全法》。我国《道路交通安全法》规定,我国境内的车辆驾驶人、行人、乘车人以及与道路交通活动有关的单位和个人,都应当遵守本法。该法还特别对行人和乘车人的通行做出了规定:行人通过路口或者横过道路,应当走人行横道或者过街设施;通过有交通信号灯的人行横道,应当按照交通信号灯指示通行;通过没有交通信号灯、人行横道的路口,或者在没有过街设施的路段横过道路,应当在确认安全后通过。因此,行人也是我国《道路交通安全法》的调整对象,一旦违反了相关规定,发生交通事故造成严重后果,也会依法承担相应的法律责任。二是发生重大事故。何为重大事故?我国《刑法》及最高人民法院《关于审理交通肇事刑事案件具体应用法律若干问题的解释》做出了明确的界定,即死亡一人或重伤三人以上,负全部或主要责任的;或死亡三人以上,负事故同等责任的;或造成公私财产直接损失,负事故全部或主要责任,无能力赔偿数额达三十万元以上的。《解释》还对酒后驾车、无证驾驶等六种情形造成交通肇事致一人重伤,负事故全部或主要责任的,也认定为重大事故，以交通肇事罪处罚。

我国《刑法》规定，对于违反交通运输管理法规，发生重大事故，致人重伤、死亡或者使公私财产遭受重大损失的，处三年以下有期徒刑或者拘役；交通运输肇事后逃逸或者有其他特别恶劣情节的，处三年以上七年以下有期徒刑；因逃逸致人死亡的，处七年以上有期徒刑。

因此，任何人（包括走路的行人和骑自行车的人）只要是违反了交通运输管理法规，导致发生重大事故，都可能构成交通肇事罪。

多长点知识 >>>

唐朝的交通肇事罪

公元762年，在西域重要的中西陆路交通枢纽高昌城，发生了一起严重的交通事故。一男一女两个8岁的孩童，被一辆奔驰的牛车撞成重伤，引出了一场刑事附加民事的官司。这个案件的卷宗是1973年在新疆阿斯塔古墓出土的文物中发现的。该卷宗提供的审判程序和处罚原则都比较完整，揭开了1200多年前那次车祸的事实真相，看到了唐代交通肇事处理的具体方法。

6月份的高昌城，骄阳似火，天气闷热。市民史拂8岁的儿子金儿和曹没冒8岁的女儿想子，在商人张游鹤的店铺前玩耍时，被一辆拉土坯的牛车撞伤，两个孩子腰部以下全部骨折，生命危在旦夕。肇事人是"行客"靳嗔奴的"年工"，30岁的年轻男子康失芬。"行客"就是来高昌做生意的外地人，"年工"就是雇佣一年的长工。

事情发生后，史拂和曹没冒分别向官府提交了呈辞，陈述了孩子被牛车轧伤的经过，向官府提出了处理的要求，也就是把雇主靳嗔奴告上了法庭。史拂的呈辞这样写道："男金儿8岁，在张游鹤店门前坐，乃被行客靳嗔奴家生活人将车碾损，腰已下骨并碎破，今见困重，恐性命不存，请处分。谨牒。元年建未月日，百姓史拂牒。"案件是一个叫"舒"的法官处理的。在案件调查中，舒先是询问肇事人康失芬，康失芬说牛车是借来的，自己驾驶技术不过关，在牛奔跑的时候，自己"力所不逮"，以致酿成大祸。法官舒问康失芬有什么打算时，康失芬表示"情愿保辜，将医药看待。如不差身死，请求准法科断"，态度还算可以。就是先请求保外为伤者治疗，如果受伤的人不幸身亡，再按法律处罚自己。

按照唐朝法律《唐律疏议》卷二十六之规定："诸于城内街巷及人众中，无故走车马者笞五十，以故杀人者减斗杀伤一等。"斗杀伤就是故意杀人，最高刑是死刑，比它减一等，就是长流三千里。这是唐代五刑之一的流刑中的最高等级。一般还有附加刑——三年"居作"，就是三年佩戴枷锁劳动。也就是说，按照当时的法律规定，康失芬的违法情形要判决"流放三千里"。

从以上可以看出，我国古代对交通肇事的处理是非常严格的。

这些法律和我相关 >>>

■《中华人民共和国刑法》

第一百三十三条：违反交通运输管理法规，因而发生重大事故，致人重伤、死亡或者使公私财产遭受重大损失的，处三年以下有期徒刑或者拘役；交通运输肇事后逃逸或者有其他特别恶劣情节的，处三年以上七年以下有期徒刑；因逃逸致人死亡的，处七年以上有期徒刑。

在道路上驾驶机动车，有下列情形之一的，处拘役，并处罚金：

（一）追逐竞驶，情节恶劣的；

（二）醉酒驾驶机动车的；

（三）从事校车业务或者旅客运输，严重超过额定乘员载客，或者严重超过规定时速行驶的；

（四）违反危险化学品安全管理规定运输危险化学品，危及公共安全的。

机动车所有人、管理人对前款第三项、第四项行为负有直接责任的，依照前款的规定处罚。

有前两款行为，同时构成其他犯罪的，依照处罚较重的规定定罪处罚。

■《最高人民法院关于审理交通肇事刑事案件具体应用法律若

干问题的解释》

第二条：交通肇事具有下列情形之一的，处三年以下有期徒刑或者拘役；

（一）死亡一人或者重伤三人以上，负事故全部或者主要责任的；

（二）死亡三人以上，负事故同等责任的；

（三）造成公共财产或者他人财产直接损失，负事故全部或者主要责任，无能力赔偿数额在三十万元以上的。

交通肇事致一人以上重伤，负事故全部或者主要责任，并具有下列情形之一的，以交通肇事罪定罪处罚：

（一）酒后、吸食毒品后驾驶机动车辆的；

（二）无驾驶资格驾驶机动车辆的；

（三）明知是安全装置不全或者安全机件失灵的机动车辆而驾驶的；

（四）明知是无牌证或者已报废的机动车辆而驾驶的；

（五）严重超载驾驶的；

（六）为逃避法律追究逃离事故现场的。

55. 认识危险驾驶罪：校车超载驾驶员被判刑

由于离校较远，校车和校车司机是每天陪伴我上学路上的忠实朋友。然而，在现今机动车容量大、交通事故频发的社会，我们真的很担心校车的安全问题。保障校车安全是谁的责任？

2016年3月25日，五峰县长乐坪交警中队接到群众举报，称有面包车超员接送学生上学、放学。接到群众报警后，五峰交警大队长乐坪中队中队长彭威带领民警在长乐坪各个路段进行巡查。当巡查至长乐坪××村乡村道路上时，一辆长安牌面包车驶入民警视线，中队长彭威示意该车辆靠边停车，请驾驶员出示证件接受检查。当民警打开车门时，发现车上挤满了学生。该面包车核定8人座，却连同司机宗某一共乘坐了15人，14人均是学生，超过核定人数80%以上。据宗某交代，其2010年购买该车辆，2015年年初驾驶面包车运营，今年因乘坐车学生增多，出于节省成本的考虑，他对车辆进行了简易改装，接送学生上下学。

民警当即对学校负责人及宗某进行了严厉的批评教育，并依法对驾驶员宗某涉嫌从事校车业务、严重超过核定乘员载客的违法行为进行立案调查。宗某因涉嫌危险驾驶罪被刑事拘留。

 法律告诉你 >>>

危险驾驶罪是指在道路上驾驶机动车，追逐竞驶，情节恶劣的；醉酒驾驶机动车的；从事校车业务或者旅客运输，严重超过定额乘员载客，或者严重超过规定时速行驶的；违反危险化学品安全管理规定运输危险化学品，危害公共安全的行为。

按照2015年11月实施的《中华人民共和国刑法修正案（九）》对危险驾驶罪所做的补充规定，从事校车业务或者旅客运输，严重超过额定乘员载客，或者严重超过规定时速行驶的将构成危险驾驶罪，宗某的行为已构成危险驾驶罪。

说到校车问题，有一个资料说：在美国，每天早上，校车司机接完孩子后就要去接受安全检查，以确认自己车辆是安全的。每6个月，校车要接受由专业机械师进行的安全检查，平均每个车辆需要1个小时的检查时间。坐校车的孩子死亡率很低，平均每年5个，且大多与重大自然灾害有关。校车均有国家指定的生产厂家定点生产，车内座位上装配有防撞安全装置和安全带，车内附带卫星定位与联网，全时监控车辆行驶情况。美国交通部曾公开宣称：校车的安全系数是其他车辆的40倍。不仅如此，全美专门为校车和学校交通制定的法律法规加起来多达500余项，如《爱国者法案》《校车让停法》等都对校车安全做出了细致规定。

我国对校车的管理还存在很多盲区，校车安全事故也时有发生。按照国家标准化管理委员会2007年6月22日批准并公布，自2007年9月1日起实施的《机动车运行安全技术条件》中的规定，"校车"是指用于运送不少于5名幼儿园、小学、中学等教育机构的学生及其照管人员上下学的客车和乘用车。根据乘坐对象的不同，校车还可分为幼儿校车、小学生校车和其他校车。根据车辆的属性，又可分为专用校车和非专用校车。专用校车，指的是根据相关规范和标准,从设计到制造的每一个技术环节都适用运送学生的专用车辆。非专用校车,就是用于运送学生的其他社会车辆。校车安全关系到孩子们的人身安全,关系到千家万户,但长期以来,校车的使用情况不容乐观。一方面,专用校车标准缺乏强制执行力。由于国家之前未立法强制执行专用校车的使用标准,所以校车市场一度比较混乱,用来接送中小学生上下学的车辆五花八门,安全隐患较大。另一方面,校车市场有需求,难以规范。由于中小学校的上下学时间往往与家长上班的时间并不相合,导致大多数家长都难以自己接送孩子。较大的需求也为违法校车的存在提供了生存的空间。由此,给原本应当是社会上最安全车辆的校车造成了许多安全隐患。一是校车超员多。超载所引发的不仅仅是拥挤,更易酿成交通事故,造成更大的悲剧。二是农村隐患车多。据报道,农村学生乘坐的校车多为附近村民私家车甚至农用车。孩子们每天乘坐这样的车上学放学,安全性可想而知。三是无运营资质车多。为更经济地解决孩子接送问题,经常有住在同一小区孩子又在同一学校的多名家长相互联系,合租一辆车接送学生,车辆大多没有运营资质,存在较大的安全隐患。

因此,从国家和教育行政管理层面,应当加强校车使用、管理的法制建设,实行校车驾驶人资格准入制度,将校车纳入依法管理的轨道。学校要加强对师生的交通安全教育,定期检验、检查校车,尽力避免安全隐患。

多长点知识 >>>

美国的校车和校车司机

美国对于校车管理的重视由来已久。根据美国校车委员会的数据,乘坐校车是最安全的上下学方式,比学生在家长陪同下步行或骑车上学要安全 15 倍,比起学生和学生结伴上学更是要安全 44 倍。目前全美有超过 47 万辆校车每天接送近 2500 万名的学生上下学。美国所有的校车和校车司机都归校车委员会管理,属于政府机关,司机也都属于公务员,相关的开支由联邦政府与各州政府支付。

在美国，成为一个校车司机非常困难。首先，具有商用车驾驶证才能参加校车专门的笔试和路试。通过之后将进入专门的地方进行无人校车演练，熟悉校车的一切相关流程和紧急救护知识，校方会认真监督这一过程并予以评价。而正式的校车司机要接受随机的酒精检查、药物检查乃至身体检查和生活背景考察，确保其生理上和心理上完全合格。由于校车司机属于政府工作人员，以上检查都是长期持续的，保证了司机技术和素质的稳定。

同时，美国校车是除了警车、救护车、消防车以外，街道上少数享有额外特权的车辆之一。美国大多数的州都有立法，要求其他的车辆在有儿童上下校车时，必须两个方向都停下来等小孩子上下车结束之后才能行驶（甚至美国总统专车也要停车等待）。违反此法规的驾车人常常被处以巨额罚款，甚至判以重刑。

这些法律和我相关 >>>

■《中华人民共和国刑法》

第一百三十三条：……

在道路上驾驶机动车，有下列情形之一的，处拘役，并处罚金：

（一）追逐竞驶，情节恶劣的；

（二）醉酒驾驶机动车的；

（三）从事校车业务或者旅客运输，严重超过额定乘员载客，或者严重超过规定时速行驶的；

（四）违反危险化学品安全管理规定运输危险化学品，危及公共安全的。

机动车所有人、管理人对前款第三项、第四项行为负有直接责任的，依照前款的规定处罚。

有前两款行为，同时构成其他犯罪的，依照处罚较重的规定定罪处罚。

■《校车安全管理条例》

第十一条：由校车服务提供者提供校车服务的，学校应当与校车服务提供者签订校车安全管理责任书,明确各自的安全管理责任,落实校车运行安全管理措施。

学校应当将校车安全管理责任书报县级或者设区的市级人民政府教育行政部门备案。

第十二条:学校应当对教师、学生及其监护人进行交通安全教育,向学生讲解校车安全乘坐知识和校车安全事故应急处理技能,并定期组织校车安全事故应急处理演练。

学生的监护人应当履行监护义务,配合学校或者校车服务提供者的校车安全管理工作。学生的监护人应当拒绝使用不符合安全要求的车辆接送学生上下学。

第三十九条:随车照管人员应当履行下列职责:

(一)学生上下车时,在车下引导、指挥,维护上下车秩序;

(二)发现驾驶人无校车驾驶资格,饮酒、醉酒后驾驶,或者身体严重不适以及校车超员等明显妨碍行车安全情形的,制止校车开行;

(三)清点乘车学生人数,帮助、指导学生安全落座、系好安全带,确认车门关闭后示意驾驶人启动校车;

(四)制止学生在校车行驶过程中离开座位等危险行为;

(五)核实学生下车人数,确认乘车学生已经全部离车后本人方可离车。

第四十二条:校车发生交通事故,驾驶人、随车照管人员应当立即报警,设置警示标志。乘车学生继续留在校车内有危险的,随车照管人员应当将学生撤离到安全区域,并及时与学校、校车服务提供者、学生的监护人联系处理后续事宜。

56. 认识破坏计算机信息系统罪：入侵教务系统为同学改分被判刑

随着科技进步和计算机信息技术的普及，大量的资料和管理系统通过网络来完成，数字技术已经成为人类最重要的管理工具。信息安全和技术缺陷带来了新的安全问题，如何防范高智商犯罪俨然成了新的社会课题，大学生"牛刀小试"，利用技术管理漏洞找到"生财之道"，岂不知，这却是刑法规制的犯罪行为。"聪明反被聪明误"，这样的案例难道不能给我们带来警示吗？

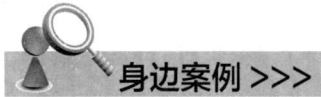

2013年10月底，大学生蒋某无意间发现学校教务系统存在漏洞，他可以通过任何一台电脑侵入系统帮"挂科"的学生修改成绩。蒋某觉得这是一条赚钱的途径，随即打印了几份宣传单，贴在学校厕所等地方，等"顾客"上门。学生张某看到宣传单后联系了蒋某。在蒋某的"帮助"下，张某得到了自己心仪的成绩，蒋某因此获利3500元。此后，为了扩大"客户群"，蒋某联系了该校一学院的学生会主席吴某，让他为自己介绍"客户"。从2013年10月至2014年3月，利用学校教务管理系统的漏洞，蒋某共为该校18

名学生改成绩，非法获利 3.4 万余元。后因该校教务处一名工作人员多次发现系统异常，遂向警方报案，公安机关侦查后，将蒋某、吴某抓获。一审法院以破坏计算机信息系统罪，判处蒋某有期徒刑 5 年。

法律告诉你 >>>

破坏计算机信息系统罪，是指违反国家规定，对计算机信息系统功能进行删除、修改、增加、干扰，造成计算机信息系统不能正常运行，对计算机信息系统中存储、处理或者传输的数据和应用程序进行删除、修改、增加的操作，或者故意制作、传播计算机病毒等破坏性程序，影响计算机系统的正常运行，后果严重的行为。

本罪的主体是一般主体。破坏计算机信息系统罪的主观方面是故意，即行为人明知会破坏计算机信息系统安全，仍然实施破坏系统功能、程序以及编写、传播病毒的行为，并且希望或放任这种危害后果的发生。过失不构成本罪。破坏计算机信息系统罪侵犯的客体是国家对计算机信息系统的管理秩序。本罪的犯罪对象是计算机软件、信息数据和应用程序，即通过技术手段，非暴力地破坏计算机信息系统，从而影响计算机信息系统的正常运行。本罪包括三种表现形式：（1）违反国家规定，对计算机信息系统功能进行删除、修改、增加、干扰，造成计算机信息系统不能正常运行，后果严重的行为；（2）违法国家规定，对计算机信息系统中存储、处理或者传输的数据和应用程序进行删除、修改、增加的操作，后果严重的行为；（3）制作、传播计算机病毒等破坏性程序，影响计算机系统的正常运行，后果严重的行为。

本罪是实害犯，其重要构成要件之一就是"造成严重后果"，没有发生严重后果的，不能认定为犯罪。本罪不存在预备犯、未遂犯和中止犯三种犯罪未完成形态。因为在没有发生严重后果的情况下，认定行为人主观方面的罪过形式存在一定的难度，容易将技术水平不高或操作失误的行为作为犯罪来处理，可能会扩大打击面。但是何谓后果严重，尚未有司法解释对此做出明确界定。不少学者从刑法理论联系司法实践来分析，认为主要是指如下情形：

（1）致使计算机信息系统功能部分或全部遭到破坏；（2）修复被破坏的系统功能耗资较大、耗时教长；（3）严重影响工作、生产、经营，给被害单位和个人造成较大经济损失等等。

本案中，大学生蒋某非法侵入学校计算机信息系统，并对信息进行修改，利用破坏的数据和应用程序非法获利共计 3.4 万元，符合破坏计算机信息系统数据和应用程序的行为方式，其产生的严重后果是导致学校教务系统内的数据和资料遭受到了严重的破坏。蒋某的行为不仅影响了学校的正常工作，而且还通过散发宣传单等方式招揽业务，严重扰乱了学校的教育管理秩序，造成了较大的不良影响。显然，在本案中蒋某的行为已经造成了严重后果，应当以破坏计算机信息系统罪追究其刑事责任。吴某作为共同犯罪的成员，也应一并追究。

多长点知识 >>>

楚庄王教子守法度

春秋时期，楚庄王制定的《茅门法》中规定："大臣、贵族和各位公子进入朝廷时，如果他们的马蹄踩到了屋檐下，负责执行此法（《茅门法》）的廷理（当时负责执法的官吏）就要砍断他的车辕，杀掉驾车的人。"

某日，太子在进入朝廷的时候，他的马踩到了屋檐下，廷理根据《茅门法》砍断了他的车辕，杀掉了驾车的人。太子非常生气，愤怒地向楚庄王告状："父亲，廷理竟然因为这点小事情就杀了我的马夫、砍断了我的车辕，这是对我的侮辱，也是对您的不尊重。您要为我把廷理杀了。"楚庄王说："法令，是让我们的宗庙和朝廷变得庄严，是使我们的土地及谷神得到尊重的。那些使法令得到执行遵守、使宗庙社稷这些祭祀及处理政事的地方得到尊重的人，是对我们江山社稷负责的臣子，怎么可以杀掉呢？"

从这个故事中可以看出，春秋时期各国不但重视立法，更强调法律必须得到遵守，强调不论是谁，只要违犯法律都必须受到惩处，新兴地主阶级的

"法不阿贵"的精神开始得到肯定。

这些法律和我相关 >>>

■《中华人民共和国刑法》

第二百八十六条：违反国家规定，对计算机信息系统功能进行删除、修改、增加、干扰，造成计算机信息系统不能正常运行，后果严重的，处五年以下有期徒刑或者拘役；后果特别严重的，处五年以上有期徒刑。

违反国家规定，对计算机信息系统中存储、处理或者传输的数据和应用程序进行删除、修改、增加的操作，后果严重的，依照前款的规定处罚。

故意制作、传播计算机病毒等破坏性程序，影响计算机系统正常运行，后果严重的，依照第一款的规定处罚。

单位犯前三款罪的，对单位判处罚金，并对其直接负责的主管人员和其他直接责任人员，依照第一款的规定处罚。

■全国人民代表大会常务委员会《关于维护互联网安全的决定》

一、为了保障互联网的运行安全，对有下列行为之一，构成犯罪的，依照刑法有关规定追究刑事责任：

（一）侵入国家事务、国防建设、尖端科学技术领域的计算机信息系统；

（二）故意制作、传播计算机病毒等破坏性程序，攻击计算机系统及通信网络，致使计算机系统及通信网络遭受损害；

（三）违反国家规定，擅自中断计算机网络或者通信服务，造成计算机网络或者通信系统不能正常运行。

57. 认识代替考试罪：冒名替考也入刑

我想知道 >>>

考试作弊、走捷径的行为曾经屡禁不止，既破坏了考试管理制度，又败坏了社会风气，特别是对学生健康人格的形成具有极大的破坏作用。对于国家规定的重要考试中的弄虚作假行为给予严厉打击犹如一剂猛药，小伙伴们，你知道找人替考和为他人代考都是犯罪行为吗？

身边案例 >>>

2016年1月15日，北京市海淀区人民法院适用刑事速裁程序开庭审理侯某、虎某代替考试一案，并对该案当庭宣判。该案系《刑法修正案（九）》将"替考"行为入刑并正式施行后，北京法院审结的首例考研替考入刑案。

检方指控，2015年10月间，被告人虎某通过他人联系被告人侯某，让其代替自己参加2016年全国硕士研究生招生考试。2015年12月26日上午，被告人侯某在某大学旧教学楼第43考场，代替被告人虎某参加上述考试中的管理类联考综合能力科目考试时，被监考人员当场发现。被告人侯某于当日被公安机关抓获，被告人虎某于2015年12月28日主动向公安机关投案，后二人如实供述了上述事实。

庭审中,公诉人针对上述指控事实出示了相关证据材料,并发表公诉意见,认为被告人侯某、虎某的行为均已构成代替考试罪,侯某具有如实供述情节,虎某具有自首情节,建议法庭判处二人拘役一个月至二个月,并处罚金。被告人侯某、虎某及其各自委托的辩护人对检方的上述指控事实、证据及量刑建议没有提出异议,被告人侯某、虎某亦当庭表示认罪、悔罪。

法院经审理后认为,被告人侯某代替他人参加、被告人虎某让他人代替自己参加法律规定的国家考试,其行为均构成代替考试罪。检方指控侯某、虎某犯代替考试罪的事实清楚,证据充分,指控罪名成立,量刑建议适当。鉴于侯某到案后能如实供认自己的罪行,虎某犯罪后能自动投案,如实供述自己的罪行,系自首;二人均能真诚悔罪,法院以代替考试罪判处被告人侯某拘役一个月,罚金人民币1万元;判处被告人虎某拘役一个月,罚金人民币8000元。

法律告诉你 >>>

"替考"是一种冒充身份代替他人参加考试、弄虚作假的行为。"替考"行为破坏了考试的公平竞技规则,严重影响了考试的公平性,与考试的宗旨和功能相违背,严重违反了国家相关考试管理制度。考试作弊也属于一种社会不正之风,严重破坏了社会公平诚信的基本原则,使国家教育考试制度形同虚设,属于一种严重的妨害社会管理秩序的行为,必须坚决杜绝和予以严惩。以往对于考试作弊,最多只能依法给予一定行政处罚,不足以形成有效打击和震慑效果。因此,《刑法修正案(九)》将"组织考生作弊"和"替考"等考试作弊行为作为犯罪规定到《刑法》之中,新增了"组织考试作弊罪""代替考试罪"等罪名。

代替考试罪是指代替他人或者让他人代替自己参加法律规定的国家考试的行为。代替考试罪的犯罪主体包括代替他人考试者和让他人代替自己参加考试者两大类,替考者和被替考者都可以成为该罪的犯罪主体。本罪的行为内容既包括替考者冒充身份代他人考试的行为,也包括要考试者让他人冒充自己身份替代考试的行为。即无论是所谓的"枪手"的替考行为，还是本要参加考试者让他人替考的行为，都属于我国《刑法》要处罚的代替考试犯罪行为。本罪的法定刑为拘役或者管制，并处或者单处罚金，即最高可以判处拘役六个月并处罚金的刑罚。由于我国《刑法修正案（九）》于2015年11月1日正式开始实施，所以，只有从2015年11月1日以后实施的替考行为，才应该作为犯罪处理。侯某、虎某二人代替考试案案发于2015年12月间，属于《刑法修正案（九）》施行后应当依法定罪量刑的行为。

多长点知识 >>>

古代的"罚科"制度

在古代，对于考试作弊行为最常见的处罚就是罚科，也就是在一段时间内取消考生参加后面考试的资格。在通常情况下，作弊是要罚科的，但在有些朝代对于考试作弊行为的处罚更为严厉。明代就曾严打考场作弊，参加科举考试的时候，夹带小抄的、在考场上跟人换卷的，都要发配边疆。期限是三届科举考试，期满后剥夺士子身份，贬为庶民，如果作弊的人是官员，直接贬为庶民。

著名的大才子唐伯虎就是因为疑似作弊而被永远剥夺了参加科举考试的资格。

当年，唐伯虎高中顺天府（南京）乡试的解元，也就是省里统考的头一名。第二年，他和著名的旅游家兼作家徐霞客的高祖徐经一起进京赶考，参加会试。唐伯虎和徐经一起拜访了考官程敏政，这位考官非常赏识青年才俊唐伯虎，甚至给他的诗集作序。这引起了其他考生的嫉妒：考官这么公然抬举唐伯虎，明摆着是要点他当状元啊，还有我们什么事儿啊！偏偏这次考试有一道非常难的题，全部考生中只有两个人答上了，矛头立马指向了唐伯虎和徐经，还有考官程敏政，舞弊、漏题的说法甚嚣尘上。于是，有人借机弹劾程敏政，虽然是捕风捉影，毫无凭据，但弘治皇帝仍然高度重视，亲自查处这起科场舞弊案，命令锦衣卫负责侦办和审讯。程敏政、唐伯虎和徐经坚决否认串通作弊，面对锦衣卫的严刑拷打仍然不肯屈打成招。

这件案子查了半年，也没个结果。既然是查无实据，就该无罪释放，可是当时没有疑罪从无这一说，放归放，放了也不代表无罪。最终，唐伯虎和徐经被永远剥夺了参加科举考试的资格，程敏政被锦衣卫折腾得奄奄一息，出狱没几天就死了。

当时，这次考试的状元是王阳明，可他偏偏是答对那道倒霉题目的两个人中的一个，结果弘治皇帝为了保险起见，把他的名次降了下去，状元的大红花被别人捡了便宜。

 **这些法律和我相关 >>>**

■《中华人民共和国刑法》

二百八十四条：……

在法律规定的国家考试中，组织作弊的，处三年以下有期徒刑或者拘役，并处或者单处罚金；情节严重的，处三年以上七年以下有期徒刑，并处罚金。

为他人实施前款犯罪提供作弊器材或者其他帮助的，依照前款的规定处罚。

为实施考试作弊行为，向他人非法出售或者提供第一款规定的考试的试题、答案的，依照第一款的规定处罚。

代替他人或者让他人代替自己参加第一款规定的考试的，处拘役或者管制，并处或者单处罚金。

图书在版编目（CIP）数据

学生身边事与法/苗润华编著. -- 北京：人民日报出版社，2016.12
ISBN 978-7-5115-3525-2

Ⅰ.①学… Ⅱ.①苗… Ⅲ.①法律－中国－普及读物 Ⅳ.①D920.5

中国版本图书馆CIP数据核字（2016）第302872号

书　　名：	学生身边事与法
编　　著：	苗润华
出 版 人：	董　伟
责任编辑：	陈　红
封面设计：	主语设计
版式设计：	大有图文

出版发行： 人民日报出版社
社　　址： 北京金台西路2号
邮政编码： 100733
发行热线： （010）65369527　65369846　65369509　65369510
邮购热线： （010）65369530　65363527
编辑热线： （010）65369844
网　　址： www.peopledailypress.com
经　　销： 新华书店
印　　刷： 北京鑫瑞兴印刷有限公司

开　　本： 700mm×1000mm　1/16
字　　数： 230千字
印　　张： 18
印　　次： 2017年2月第1版　2017年2月第1次印刷

书　　号： ISBN 978-7-5115-3525-2
定　　价： 39.00元